等待在夜裡被捕

維吾爾詩人的中國種族滅絕回憶

塔依爾・哈穆特・伊茲格爾——著
韓絜光——譯

Tahir Hamut Izgil

WAITING TO BE ARRESTED AT NIGHT

A Uyghur Poet's Memoir of China's Genocide

目次

國際好評推薦

「塔依爾・哈穆特・伊茲格爾的動人之作《等待在夜裡被捕》，喚起他在家鄉遭受的恐怖與迫害，以及種種讓人難以忘懷的記憶，在那裡夢想變成惡夢。儘管伊茲格爾的敘述極為沉重，但他的寫作依然平靜真誠。他的故事引人入勝，引發人們同理。只將這本書稱作一本『好書』是太過保守的評價，這是一本必讀之作。」

——**艾未未／中國藝術家**

「我們或多或少知道維吾爾人在中國經歷的災難：數位監控、大規模逮捕與再教育營，並很難想像有人的個性與情感能倖存下來。但塔依爾是一名罕見的藝術家，他作為一名詩人以極其生動的細節，記錄流亡歷經的完整情感，包含恐懼、機智、失落，以及倖存者的愧疚。即便我們無法理解新疆何以發生這種悲劇，塔依爾依然提醒我們這些事為什麼至關重要。」

——**何偉／非虛構寫作大師、「中國三部曲」作者**

「一部非凡的著作。本書悲傷而充滿勇氣，對不受控管的國家權力傳達最有力的文學控訴。」

——**沙茲**／**《人權的條件》作者**

「《等待在夜裡被捕》在人權書中是一個異類，伊茲格爾的寫作審慎而節制，既未描寫酷刑與暴力場景，也未提及有關種族滅絕的廣泛聲明……儘管本書敘事像一部經典恐怖電影，但其實是一部心理驚悚片。它描述相對正常的生活如何逐一消失，現實如何成為一場夢魘。」

——**芭芭拉．德米克**／**《吃佛》**、**《我們最幸福》作者**

「《等待在夜裡被捕》是一本令人恐懼而引人入勝的作品……伊茲格爾將讀者引入恐懼和猜疑的漩渦，展開一段像恐怖小說的敘事，但卻是一種更加令人不安的版本，因為這是一段在失控的專制主義下發生的真實故事。我不只推薦這本書給關注中國監控體制的讀者，更推薦給廣泛大眾。」

——**張彥**／**《中國的靈魂》作者**

「這是一本異常有力、抒情深刻且翻譯精美的書，我強烈建議大家一讀。它以令人難忘的細節與書中複雜的人性，揭示現代中國政府對維吾爾社會、文化的攻擊，以及隨之產生的緊迫人道主義危機。」

——**藍詩玲**／**《毛主義》作者**

「十年或二十年後，如果人們想了解那一刻，他們會讀這本書。」

——**戴倫．拜勒**／**《新疆再教育營》作者**

「我被塔依爾．哈穆特．伊茲格爾寫下有關監視、拘留、暴力迫害與奇蹟般逃亡的回憶吸引，並感到警惕。中國維吾爾公民面臨的人道危機，是對所有國家與人們的控訴。伊茲格爾晶瑩勇敢的散文，對所有深信自由與其可能性的人而言，都是一記警醒。」

——**崔西**．K．**史密斯**／**美國前桂冠詩人**

「清晰傳達無聲恐懼的回憶錄，一本沉重、令人著迷的書，帶著勒卡雷小說悠緩冷酷的沸騰感……透過伊茲格爾細膩的筆觸，閱讀本書能感受到人性中的悲傷與優雅。」

——**《華盛頓郵報》**

「令人震撼……《等待在夜裡被捕》是至今為止，跟二〇一五年以來新疆種族滅絕政策有關的最佳歷史紀錄之一。這本書身歷其境的第一人稱敘述視角尤其具有價值……我們只能希望隨著這本書翻譯，全球對伊茲格爾引人入勝的故事和維吾爾文學投注更多應有關注。」

——《**波士頓環球報**》

「伊茲格爾的回憶錄是關於如何在壓迫變成常態、國家權力張狂的社會中生存和謀求生路的故事。這本書的節制是它的力量，敘事中的緊張源自標題展現的恐懼——等待被捕、被消失與拘留的恐懼，這是任何一名維吾爾人都無法逃脫的恐懼。」

——《**衛報**》

「《等待在夜裡被捕》不僅是關於一次偉大逃脫的扣人心弦敘述，也不只是對我們這個時代最可怕的種族滅絕之一的譴責。它也是一種不容小覷的呼籲，要求人們切勿調轉目光、視而不見。」

——《**泰晤士報**》

臺灣好評推薦

「這本書不僅記錄一名詩人從專制國家流亡的經歷，還描寫一位少數民族詩人在中國共產黨統治下，作為事實上的二等公民，被剝奪奪自由、遭受苦難的半生。透過這本書，我們了解到如果自己生為維吾爾人，在中國的生活會是什麼樣子。」

——熊倉潤／日本法政大學法學部國際政治學科教授

「想要讓一個少數民族在極權政體之前徹底屈服、放棄自主性、斷絕文化血脈，一定要窒息、撲殺它自由的文學心靈。維吾爾詩人塔依爾的《等待在夜裡被捕》就記錄了這樣的過程；它細膩深刻地展現極權政體在二十一世紀高科技工具加持之下，如何遂行超高效能的白色恐怖。當反抗來到盡頭，在夜裡等待被捕的，會是一整個民族。同樣面對中國，臺灣與新疆，臺灣人與維吾爾人，看似很遠，其實很近。」

——閻紀宇／專業譯者

「維吾爾族的苦難來自一個充滿殖民者色彩的詞——**新疆**。他們面臨來自中國政府在政治、文化、宗教、民族認同全面性的壓迫，甚至面臨『種族滅絕』的處境。壓迫他們的不只是中國政府，在中國傳統**大漢沙文思想**的影響下，他們必須忍受社經地位相對高的漢族人歧視。更有甚者，在世界很多地方充斥敵視**伊斯蘭教**的想法，也讓維吾爾族的處境更為困難。

正如書中人物對維吾爾族的自我形容：我發現我有時候會想，當隻牛也許還比當個維吾爾人快樂。我相信任何有尊嚴的民族都不需要同情，不需要憐憫，只需要**理解**。理解他們面臨來自國家統治機器的壓迫、社會強勢民族的歧視，以及世界宗教對立的漠視。

《等待被捕的夜晚》這部回憶錄對於理解維吾爾族，扮演非常適合的切入點。」

——**李明哲／人權工作者**

「中共治下的新疆原本就密不透風，如今更是漆黑一片。塔依爾和他家庭的故事，是這個如黑洞般的空間裡，一盞只能照亮腳前三步的小燈。它讓我們看清維吾爾人荒誕卻真實的苦難，例如莊重自持，不近聲色的伊斯蘭教長必須扭腰擺臀地跳《小蘋果》舞，只因為地位有如土皇帝般的自治區書記張春賢愛聽愛看。《等待在夜裡被捕》是一張標註苦難的星空圖，我們只能期待隨著時間過去，更多維吾爾人的生命經歷，在不見天日的世道中發光匯聚，讓人們終能看清這個惡劣時代的全盤樣貌。」

——**李志德／資深新聞工作者**

推薦序

願你有平安的火焰

曹馭博／詩人、作家

我徹夜不眠地等待親愛的客人，
門上鏈鎖的鐐銬被弄得嘩嘩作響。

——Osip Mandelstam〈列寧格勒〉，劉文飛 譯

讀《等著在夜裡被捕》時我常常想起蘇聯白銀時代的詩人曼德爾施坦（Osip Mandelstam，一八九一—一九三八）的名詩〈列寧格勒〉，寫一位遊子好不容易歸鄉，卻發現故鄉的名字不但改變了（從「聖彼得堡」變成「列寧格勒」），街道上嶄新的瀝青讓人心生恐懼，家鄉似乎在某種政治力量之下，完全變了樣貌。母親的聲音從虛空中傳來，並迫切地告訴他，希望孩子可以吞下啟迪明志的路燈，在見證這個國家的不對勁之處後，趕緊說出

殘酷的真相。這首詩的收尾令人驚心：這名遊子似乎上繳了自己與故人的電話號碼（我們可以視為他為了能短暫獲得居住的一瞬，願意犧牲自己得來不易的自由），但他依舊整夜不得安眠，睡在樓梯隔間，等待著早晨的門鈴被踟響，門鏈如同鐐銬一樣嘩啦作響，讓尊貴且親愛的客人（警察）把他給帶走。這首詩寫於一九三〇年，但毫不意外地，同樣的經驗卻依舊發生在本世紀。近幾年，我的居住處附近開始有許多香港移民，我常常與他們吃飯聊天，可能是年紀相仿，或是政治意識相近，一些朋友會跟我分享過去的經驗：例如P，有一次喝醉之後便掏出一張拘捕令，開玩笑說這是護身符，是他身為人類的證據。P曾經是一位文職人員，在某一段時間內，警察會在凌晨四、五點多上門，而其餘時間，在不知道上門騷擾的頻率之下，他只能一夜復一夜看著太陽與月亮交換——他也與此書的作者伊茲格爾一樣，每晚披著大外套，深怕警察把他帶走便是多日未歸。

閱讀此書時，有兩種特殊的情緒值得我們去深思：憤怒與羞愧。儘管作者伊茲格爾並沒有大量控訴，批判中國政權，甚至沒有使用「種族滅絕」等相關詞彙，但我們依舊能夠藉由情節的回憶，發現隱藏在理性之下的情緒。例如第十七章〈不告而別〉朋友們不經意的閒談：「我希望中國乾脆征服世界，」因為世界並不關心維吾爾族人發生了什麼，世界不認識真正的中國，既然自己沒有自由，乾脆讓全世界都嘗嘗被征服的滋味。這位朋友繼續說：

「那我們都會一樣。我們不會獨自承受苦難。」伊茲格爾對此的比喻是，這就像父母親過世，客人前往喪家探望時，喪主會耐心地向每一位客人解釋父母親是怎麼過世的，久而久之，隨著陳述進行多遍，悲傷也能夠被沉澱。但在這次與朋友的漫談之中，我們可以發現一個細節：維吾爾人並沒有呼籲世界給予幫助，他們只希望世界能夠瞭解這份暴行，因此對於世界之於中國的無知感到憤怒。

這也令我想到義大利作家普利摩．李維（Primo Levi，一九一九—一九八七）的憤怒：當李維好不容易離開納粹的集中營，經過蘇聯的土地時，所有的積雪與松針都點亮了希望，但好像，也點亮了一種不知名的情緒。起初，他心中滿心雀躍。他回到他的家鄉，找了一份油漆工廠的工作，每天通勤上班的路上，他看見車窗外，原本遭到轟炸後的城市一天又一天地重建，原本光禿禿的果樹，也漸漸開始結出了果實。就這麼過了好幾年，原本那不知名的情緒開始爆發——憤怒。他外表冷靜，但內心卻跟自己爭鬥：城市憑什麼還會建立起來？枯樹憑什麼還會結出果實？於是他伸長他的手，試圖鈎下樹上的果實：因為在李維的世界，奧斯維辛集中營依舊存在，在那兒，不會有復甦，更不會有果實。這種憤怒是純粹的，就如同李維對後來才進入集中營的「大號碼」的人，帶有一種「你們什麼都不知道，真是氣死我了」的惱怒。

我們將李維和伊茲格爾的朋友們的憤怒交織在一起，可以得到一種無奈的陳述：我好像逃離了集中營、再教育營、甚至是即將到來的苦難，但這份悲情自始至終都處於他人漫不經心，甚至理所當然的狀態裡頭。例如伊茲格爾最後好不容易申請到護照，假裝孩子生病，需要去美國尋求治療，但因為辦事人員的粗心，他只領到一本護照，差點功虧一簣——伊茲格爾的反應並不是緊張與哀求，而是憤怒。辦事人員沒有刁難，冷冷地說，自己只是忘了取出其餘幾本護照。這意味著這份即將到來的逃亡，或許在龐大的官僚機構之中，也只是日常中的小事罷了。這如此微小的漫不經心，讓人無比絕望。

另一個是羞愧。全書中提到「羞愧」一詞僅出現在第十七章〈不告而別〉，伊茲格爾想起多年以前，自己曾想出國深造，但卻在邊境遭到逮捕並判刑三年，從此人生的履歷被畫上了黑線。他突然想起父親說過的話：「人啊，遠遊之前應該先獲得父母的祝福。」但如今，即將逃亡之際，再多的告別也只會讓至親徒增困擾。人類最痛苦的不只是刀刮槍傷，而是身為人子或摯友，無法向彼此好好道別。同樣地，我依舊想以李維的羞愧作為呼應——恥於為人的羞愧——因為正是人類發明了擁有集中營的世界。對於李維與伊茲格爾而言，神學與宗教的善良，本身是可感受、可理解的，但邪惡卻是可感知、但不可理解的。回到伊茲格爾的經歷，到了美國之後，他常常夢見自己被拘捕，也夢見自己擁有的新生活突然被沒收。夢境反映了我們身體內最真實的需求，那便是邪惡被世界完整指認之前，我徒留在家鄉的靈魂永遠無法安寧。伊茲格爾算不上是異見人士，他是詩人、電影工作者、維吾爾知識分子，常有人會說：「國家不幸詩家幸」，但這句話是野蠻的，在這句話的背後，都是每一具痛苦的靈魂與帝國之間複雜的關係。並不是滄桑帶來詩意與藝術，而是在大規模的人性衝突之中，一切都還沒被述說完成，一切都無法被治癒完整，唯有書寫，才能讓人們處在不定的時刻之中，依舊能傾聽苦難的聲音。

推薦序

當文化和事實被系統性抹去時，我們需要更多故事

阿潑／媒體工作者

「這件事猛然提醒我們一件事：我們是戴著鐐銬的猶太人，囚在一處，沒有任何權利，只有無盡的義務。我們必須把情緒擺到一旁，我們必須勇敢堅強，吃苦耐勞，無怨無尤，盡力而為，相信上帝。總有一天可怕的戰爭會結束，總有一刻我們將重新為人，而不只是猶太人！」

十五歲的少女安妮．法蘭克（Anne Frank）在日記上寫下自己的經歷，即使她在隔年就死在集中營，這本日記，卻永遠被保留下來，成為直指納粹罪刑的證詞。

這段日記寫在一九四四年四月十一日。這夜，有個騷動，屋裡的人都擔心會被蓋世太保抓走，安妮則說了句話：「拜託，給我件什麼穿吧！」而後她穿上毛衣、羊毛褲和裙子，以及，兩雙襪子。

在日記中，安妮並沒有解釋為什麼要在身上套上這麼多衣物，我們卻從維吾爾詩人、導演塔依爾．哈穆特．伊茲格爾的書寫中，得到些許線索。他在回憶錄《等待在夜裡被捕》中寫道：二〇一七年，中共對維吾爾的鎮壓趨於激烈，伊茲格爾的朋友陸陸續續被捕，儘管許多人是在白天被帶走，但也有入夜後警察上門的案例。伊茲格爾總在女兒就寢後，準備衣服，等著敲門聲響。

「如果夜半有人來敲我家的門，我打算先換上暖和衣服和秋靴，再去開門。」他說：「雖然（友人）卡米爾是白天被抓的，但我有強烈的預感，他們會在夜裡找上我。」

安妮以少女之齡離開人世的十四年後，伊茲格爾於歐亞大陸的另一頭出生，那是一九六九年的新疆喀什市，一個由中華人民共和國政權統治的維吾爾文化區。他生在文化大革命時期的中國，整整二十年後，他上北京讀書，還經歷了天安門學運。換句話說，伊茲格爾的前半生，見證了幾個重大的政治運動，這些運動彷彿大時代的背景，他在回憶錄裡幾無提及；反倒是中國改革開放與世界接軌後，他被烙上政治犯印記，且困鎖在自己的土地。

一九九六年，準備出國深造的他，遭指控非法將機密帶出國境，被判入獄三年。儘管如此，他還是走出困境，成家立業，成為影片創作者，也擁有自己的製作公司。前景可期。然而外在環境卻有劇烈改變。

一九四九年中共建政後，其主導的西北大開發，讓新疆人口與經濟結構逐漸被改變，也造成維吾爾族的生存壓力，族群關係亦趨緊張；隨著中共實施反恐政策，在新疆維吾爾自治區執行監控鎮壓，乃至於有如古拉格勞改營的「再教育的維安系統」實施，人們開始產生納粹集中營的既視感。維吾爾族縱使未經歷大屠殺，但他們遭受的人權迫害與種族清洗，恐怕不比猶太人仁慈多少——他們是活在地獄裡。

上個世紀，喬治．歐威爾小說裡的去人性化世界，在這個世紀的新疆以超越想像的方式呈現。無所不在的數位監控，沒有道理的偵訊搜索，從個人資訊到生物數據，中共完全掌握維吾爾每個個體，介入他們的思想信仰語言文化，乃至存在的痕跡。伊茲格爾完整經歷了所有階段與程序，也一字一句刻進回憶錄裡。

「人要是被迫持續做這些事，用不了多久，遲早會覺得自己也成為警察，開始習慣彼此監控、互相舉報，他們會時刻提心吊膽，防著不具名的敵人，並經常感覺彼此相互為敵。」

他還詳細描述自己被採集血液、指紋、聲紋、臉部影像的過程，只覺得荒謬，但也忍不住自嘲：「現在監視攝影機從背影也認得我們了。」

美國人類學者戴倫．拜勒（Darren Byler）訪問的一名維吾爾商人，是如此形容族群的處境：維吾爾人只有一種被國家當局和協警認同的生活，就是「電腦看得到的生活」，而政府官員、公僕、協警這些監視系統的建立者或執行者，根本不認為維吾爾族真正擁有存在於系統之外的獨立身分。這個族群是以程式碼或數據方式存在，他們也要調適自己來適應系統，「維吾爾族活著是活著，但他們活著像隔世的鬼魂。」

戴倫．拜勒是新疆科技監控與維吾爾人權侵害議題研究的第一把交椅，伊茲格爾在回憶錄中也提到他。這位學者不僅是位研究者，也是這場人權侵害悲劇的見證者以及倡議者。他總是不斷向世界解釋維吾爾族的遭遇和現況，也嘗試有系統地將所見所聞書寫出來。

如同過往有人質疑安妮日記是虛構，以否定納粹罪行，至今也仍有六四事件「不曾死人」的說法。戴倫．拜勒乃至維吾爾流亡者時常也會遇到這樣的質疑：「憑什麼要我相信你們所言為真？」更不用說，北京當局一再否認，宣稱這些指控都是捏造的。

似乎凡是揭露不義者都會遇到同樣的挑戰，我也有類似經驗。之前，我採訪戴倫．拜勒的報導刊出後，若干中國讀者留言質疑這個訪談，進而否定監控與再教育營的存在，但相對地，也有讀者很驚訝，聲稱對國境內發生的這一切一無所知。有個在烏魯木齊成長的同事循著我的採訪讀了書，看了我的稿子，悠悠地說：「我人就在那個城市，我卻都不知道。」

我才真正明白，即使說出真相，也不容易被認可為真相，而我原本以為的「常識」其實是他人的「不知」。人與人之間比我想像得更有距離，且相互陌生。我們也曾這樣問過戴倫・拜勒：「這並不是你的經驗，你如何讓這些故事具有可信度、確實足以成為證詞？」

「這些人第一次完整說出自己的故事時，都是對我說。」戴倫・拜勒解釋，維吾爾、哈薩克的倖存者或流亡者無處可說自己的遭遇，因此當他們開始回顧，必是帶著傷痛、老淚橫流，整個身體都會告訴你這是真實的。當然，戴倫・拜勒訪談愈多，就愈能核實彼此的證詞細節。

這正是伊茲格爾回憶錄可貴的地方，他從自己的經歷出發，細緻且平靜地描述發生在他身上與周遭所有的變化，乃至於蔓延的恐懼與自己的感受。時間、地點、人物、場景、事件無一不缺，正是那麼多可以被驗證的客觀事實的存在，以及足夠豐富的細節，支撐了其真實性。儘管伊茲格爾沒有被關進再教育營，但小至他身分證字號被刁難的經驗，就可以看到在這半世紀裡，中共治下的個人如何被管理，以及當這個管理放大成嚴密控制時，是如何讓生活成為地獄。

「我很少有辦法寫詩，即使在靜寂的時刻，詩句也不會浮現。」伊茲格爾逃到美國後，被族人的經歷跟回憶的痛楚纏繞。他原本不想談論自己的經驗，因為一再講述創傷，會讓他感到自己是受害者，而他不想被他人可憐。

然而，當家人朋友陸續被抓進再教育營，令他感到悲傷且內疚，即使入睡也不得安寧，這才發現自己雖然逃亡，但仍被族群命運束縛。原本只想寫詩的他，意識到如果自己不說，將不會有人知道他們的遭遇，為了向世人揭示中共不斷升級的人權侵害與族群暴力，他產生記錄書寫維吾爾族經歷的迫切感。

因此，若要理解當代維吾爾族的處境，我認為《等待在夜裡被捕》提供相當重要的經驗觀點。它雖是本回憶錄，但拜伊茲格爾紀錄片式的社會書寫之賜，也成為一份珍貴的史料。

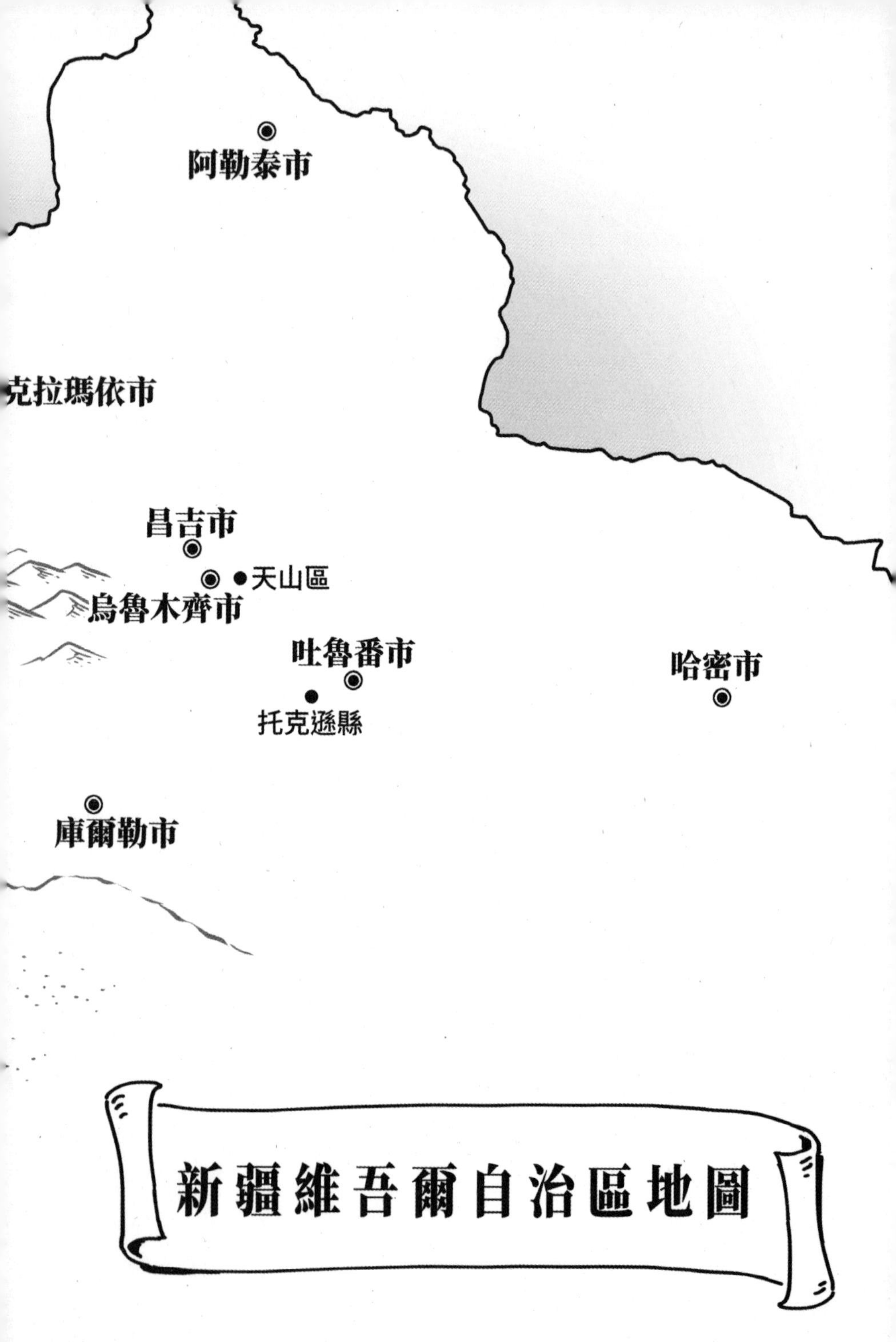

阿勒泰市
克拉瑪依市
昌吉市
天山區
烏魯木齊市
吐魯番市
托克遜縣
哈密市
庫爾勒市
新疆維吾爾自治區地圖

塔城
博樂市
伊寧市
伊寧縣
天山山脈
庫車縣
吉爾吉斯
阿克蘇市
塔里木河
阿圖什市
木什鄉
和夏阿瓦提鄉
喀什市
麥蓋提縣
英吉沙縣
莎車縣
和田市
洛浦縣

當他們搜街找巷也找不著我消失的身影
你可知道我與你同在

——帕爾哈提・吐爾遜，《輓歌》（二〇〇六）

英譯者前言

喬舒亞・費里曼（Joshua L. Freeman）

幾年前，你如果在美國華盛頓特區搭乘優步，載你的司機有可能是世界上最優秀的一名維吾爾詩人。二〇一七年，塔依爾・哈穆特・伊茲格爾攜家帶眷流亡美國，逃離中國政府對其人民的無情迫害。他若不逃，幾乎可以確定會被拘捕入營，新疆再教育營至今已吞噬上百萬名維吾爾族人。塔依爾的出逃，讓他得以對世界訴說他遭遇襲捲家鄉的災禍。這本回憶錄是塔依爾的第一手紀錄，道出這世界最迫切的一場人道主義危機，以及一個家庭的存亡。

與塔依爾相識前，我先認識了他的詩。新疆是中國西部的維吾爾族聚居區，我在新疆當起翻譯不久就遇見他的詩。當地一位好友頻頻勸我，如果真的想瞭解維吾爾族文化，就不能不讀詩。我和很多美國人一樣對詩提不太起興趣，一直沒把吾友的忠告當回事。直到有一天，另一名朋友把一疊塔依爾的詩作塞到我手裡。從未有詩對我的影響如此之深。

對維吾爾族人來說，詩並不只是作家與知識分子的擅場。詩交織在日常生活間，聊天會用到幾句，社群媒體上經常有人分享，戀人間也會交換詩句。維吾爾人透過詩在社會議題上結成共同體，無論是辯論性別角色，或對抗國家壓迫。即便到現在，我一早醒來點開收件匣，仍常看到滿是新創作的詩句，那都是離散各地的維吾爾詩人寄來請我翻譯的。

在維吾爾族群裡，影響力與聲望往往也與詩相關。請維吾爾人舉出十位維族著名人士，其中會有好幾位是詩人。請維吾爾族知識分子舉出維族最重要的思想者與作家，很大機率會出現塔依爾·哈穆特·伊茲格爾這個名字。

我和塔依爾在二〇〇八年初結識，當時我剛開始翻譯維吾爾語的詩。他的人和他的詩同樣令人難忘。塔依爾矮小精悍、神采奕奕、黝黑英俊。他有一雙灼熱的目光，說話鏗鏘有力、用詞精確。我們從詩一路聊到政治、歷史及信仰，他的興趣和經驗之廣很快就表露於外。

塔依爾是牧農人家的兒子，在維吾爾族自治區西南部的古城喀什市郊外的村子長大。農村生活的韻律和風俗，往後一直是他作詩的靈感泉源。他出生在文化大革命期間，當時毛主義的激進行動正達高峰；不過他是在一九八〇年代經濟與文化的自由曙光漸露時長大成人，百花齊放的新詩體、新風格與新主題，逐漸取代毛澤東年代沉悶、政治化的詩。塔依爾在中學時代就發表第一首詩，那時他踏入的是一個活躍熱絡的文壇。

學業優異的塔依爾後來赴北京讀大學。喀什地區用的是維吾爾語，而今塔依爾得努力熟諳漢語。他大量捧讀中國前衛現代詩以及佛洛伊德中譯本，不久更廣泛讀起西方文學，有一陣子，華萊士·史蒂文斯（Wallace Stevens）的中譯本幾乎不離他身側。那是個令人振奮的年代，塔依爾在北京和其他維吾爾族學生組成社團討論彼此讀的書，在文學路上相互砥礪。

在中國首都，那也是一段騷亂喧擾的時期。新世代不接受遲緩的改革步調，呼籲終結腐敗、要求民主權利的聲浪愈來愈高。當時讀大二的塔依爾，也協助組織維吾爾族學生的絕食抗議和示威遊行。幾星期後，學生的抗議匯集成一九八九年天安門的抗議運動。最終，學運遭北京政府派出坦克鎮壓，但塔依爾對政治的興趣從此紮下了根。

大學畢業後，塔依爾在北京工作一段時間，之後在維吾爾自治區首都烏魯木齊教漢語。同時，他仍寫詩不輟，詩作多走現代主義風格，有些探討到過去在維吾爾文學中屬於禁忌的題材（例如一九九四年他創作一首廣受討論的詩，就涉及大麻、手淫和「一個淪為酒鬼的民族」）。年輕詩人塔依爾的文采與名聲在現代詩圈子逐漸傳開。

一九九六年，政治現實入侵維吾爾族在中國的生活。塔依爾離開烏魯木齊想到海外留學，卻在設法從中國出境時遭到逮捕。雖然當局對他的指控並非屬實，但他禁不住嚴刑拷打，認了意圖洩露國家機密的罪名。塔依爾被關了將近三年，牢裡條件惡劣，他瘦到不及四十五公斤。

一九九八年塔依爾獲釋後，被迫重新開始人生，他的名字在黨的檔案內多了黑色註記。隔年他進入電影業工作，不久執導起獨立影片。到了二〇〇〇年代初，塔依爾已確立導演名聲，作品題材具有深度和高度原創性，最著名的是他另闢蹊徑的劇情片《月亮為證》。他也持續累積詩作，閱讀量依舊多而廣。

以一個幾年前才從勞教所脫身的男人來說，塔依爾開啟的事業新章節堪稱十分成功，何況這一切的開展，是在維吾爾自治區政治情勢和民族關係日漸惡化的背景下。整個二〇〇〇年代，中國政府大規模消滅維吾爾語教育系統，開始強迫維吾爾族孩童就讀漢語寄宿學校。占人口多數的漢族人對維吾爾族的歧視也逐漸蔓延。維吾爾人找工作時往往遭雇主當面拒絕，說「我們不用少數民族」。失業問題有一部分是政策失當所致，但政府卻以此為由開始逼迫維吾爾人到中國各地做低薪工作，他們住進擁擠的宿舍、受到嚴密監視，周圍則是陌生且不歡迎他們的社會。

年復一年，維吾爾人心中憤恨卻沒有宣洩出口，因為媒體都受到嚴密控管。二〇〇九年中，中國東部一間玩具工廠發生漢族員工以毫無根據的強暴謠言，私刑凌遲維吾爾族同事至死的事件。新聞傳開後，烏魯木齊爆發一連串維族與漢族的暴力衝突。公車被燒、商店被砸，行人無端被當街亂棍打死，死亡人數攀升到以百計。

到了九月，針對該地區黨委書記的大規模抗議接連發起。有一天，塔依爾穿越人群過馬路，忽然有幾名漢族抗議者衝著他叫嚷：「你維吾爾人嗎？」後來，塔依爾告訴我，他無法想像在自己的家鄉否認自己的身分，於是他喊了回去：「對，我是維吾爾人。干你何事？」一拳頭如雨點般落到塔依爾身上，直到他翻越護欄逃到安全的地方，那些人才停手。那頓暴打導致塔依爾到現在仍有一隻眼睛會不時抽搐，但沒有讓他停下創作腳步。

我問過塔依爾，他的堅毅是不是在監牢和勞動營那幾年熬出來的。他不這麼覺得。他說還沒坐牢以前，他就一直知道身為一名維吾爾族知識分子，在中國必然會承擔一些風險。

不過我認為，經驗確實幫助塔依爾比多數人更早預見劫難。二〇一六年一個秋夜，我和塔依爾及其他幾個朋友圍桌吃飯。認識近十年來，我們經常像這樣相約吃飯，大家一如往常敬酒談笑，高談闊論直至深夜。我們大啖熱氣蒸騰的馬肉麵，酒一瓶接著一瓶空掉。我們頭上煙霧繚繞，小說家帕爾哈提・吐爾遜偶爾呼出幾口長菸，點綴他講述的奇聞軼事。

飯後，塔依爾提議載我回家，我們在漆黑中走向他的別克車。但上了車，我們沒有驅車離開，反而在車裡又繼續聊起來。這座城市隔牆有耳，空蕩蕩的停車場是私下說話的好地方。

我們聊到維吾爾自治區的政治局勢每況愈下。塔依爾指了指停車場邊緣新建的警務站跟我說，他當年在勞教所的獄友，有很多人這幾個月都被警察召去訊問。我們又聊到塔依爾近幾次出國的經驗，他向我打聽一些美國生活的細節。我感覺時機正好，順勢問了一個我們從沒討論過的事：「你在考慮移居美國嗎？」

他直視我的眼睛。「是的，沒錯。」

當時塔依爾和妻子瑪爾哈巴還在為該不該走煩惱。塔依爾說，他們這樣一對四十幾歲又帶著兩個孩子的中年夫婦，要到新的國家用新的語言重新開始不是容易的事。他們不只得放棄事業、拋下朋友，而且在可預見的未來大概再也不可能回來。只要他們在美國申請到庇護，回到中國絕對有高機率入獄。然而，考慮到新疆晦暗的政治前景，塔依爾和家人覺得該做好離開的準備，以防事態惡化。

事態真的惡化了。半年後，由春入夏之際，維吾爾自治區開始流出大規模抓捕與拘押營的報導。儘管我在二〇一六年底已經離開新疆，仍能想像局面有多壞。連最親近的朋友在內，我在當地的朋友一個接著一個把我從微信朋友圈刪除，光是與海外人士聯繫就足以構成官方抓人的藉口。

塔依爾是與我保持最久聯繫的朋友，他不時會跟我討論我幫他翻譯的詩，但他的訊息同樣漸漸停了。在二〇一七年六月下旬，他發來一條語音訊息說道：「五月這裡天氣壞透了。」他用的是維吾爾人習慣影射政治壓迫的說法。「我沒機會聯絡你。天氣說變就變，我們格外難熬。」之後我們交換幾條訊息，討論他的一首詩。

再之後，只剩下沉默。那是我最後一個收到來自維吾爾自治區友人的音訊。

往後幾個月時間，從新疆傳來的消息愈來愈黑暗，這一次顯然不像我們許多人期望的只是一場短暫行動。隨著危機規模受到關注，我常想起我認識的每一個人，尤其擔心塔依爾，因為他有政治犯的前科。但我無從得知他是否安好。每一個人平安與否我都無法知道。

當時維吾爾自治區有如一座巨大的監獄，被保安警力和人類史上首開先例的生物辨識監控系統團團包圍。由於數以千計的人被送進拘留營，村落和社區日漸荒涼。維吾爾人的護照被沒收，與外界通訊也被切斷，想走幾乎不可能。

但至少有那麼一次，不可能的事發生了。八月底，我接到我們在上海一位共同好友的消息，說塔依爾準備出境前往美國。我屏息以待，在他安全逃出中國前不敢貿然聯繫他。之後另一位共同好友給我一個美國手機號碼，說那是塔依爾的聯絡電話。我撥了過去。

塔依爾接起來。Tinchliqmu？「你近來好嗎？」我們一如往常相互問候。接著我問他人在哪裡。當我聽到他和家人在華盛頓時，全身上下如釋重負。一連幾個月維吾爾自治區只傳來陰森的消息，眼前這件事恍若奇蹟。

塔依爾赴美不久，就有把個人見聞的新疆危機寫下來的念頭。只是在接下來幾年，要在新的國家安身立命的重重難關耗盡他心力。他一邊開優步維生，一邊上英語課，也一邊申請庇護。直到二〇二〇年底，塔依爾的經濟狀況才允許他閒下來，寫出逃離中國後不曾忘卻的記憶。

但塔依爾一動筆，所思所想就泉湧而出，寫作速度快到我幾乎來不及翻譯。每一次我們討論初稿，又會有新的細節和主題浮現。二〇二一年夏天，《大西洋》（*The Atlantic*）雜誌以濃縮形式刊出塔依爾一部份的回憶錄。當時新疆的危機還在延燒，塔依爾的筆沒有停下來過。

這本回憶錄是一個人對家園被毀過程的記述。塔依爾在書寫之際，也與海外流亡群體的人們廣為對談，並對照私人紀錄和公開來源，確認自己的記憶是否正確。書中除了他的直系親屬和少數個人，所有他提到的姓名和可供辨認身分的細節都經過改動，以保護那些人不受國家懲處。

新疆有才華的維吾爾作家多如繁星，但據我所知在大規模逮捕展開後，成功逃出中國的只有塔依爾。他的記述結合了詩人的表達能力，用清晰目光看出在最極端處境下也存在的道德兩難。儘管新疆的國家恐怖體制是由缺乏人性的官僚機構策畫出來的，但運作體制的個體，還有被體制輾壓的個體都是活生生的人，塔依爾的文字始終呈現出他們身為人複雜的思想情感。

他的記述揭示的世界，是我們人人都得設法克服的世界。雖然中國政府對境內維吾爾民族發起的戰爭史無前例，但他們使用的手段並不令人陌生。在新疆上演的國家壓迫仰賴社群媒體為武器，並透過電腦演算法監看與預測行為，以高科技進行監視，這些技術多半是西方發明的。一直以來，在美國滋長的恐伊斯蘭言論，被中國拿來當作辯護新疆政策的主要藉口；跨國企業在知情或不知情中參與的供應鏈，溯其源頭也助長維吾爾自治區的強迫勞動。

包含塔依爾在內，我在烏魯木齊的許多老朋友都出現在這本回憶錄中。他們是一群傑出的作家與知識分子，容貌至今仍迴盪在我腦海。即使全書貫串悲劇，其中仍能瞥見這個文化圈的豐富和活力。有不怕被捕的威脅、堅持悉心翻譯哲學家羅素著作的店老闆；也有面對暴行不減幽默，為恐怖增添趣味的小說家。

只要他們有機會和我們說話，每一個人都能斬釘截鐵為長年的危機作見證。但他們沒辦法，過去幾年來的迫害迫使他們沉默，至少現在還無法開口。塔依爾向全世界分享他的故事，也是為了他們和無數位不知名的人。

序 訊問

二〇〇九年三月的一天，午飯後我在書房讀書，我太太瑪爾哈巴在廚房收拾碗盤。外頭有人敲門。我開門一看，是兩名維吾爾青年和一名年輕的維吾爾女子。瑪爾哈巴走出廚房，來到我身後。

「您是塔依爾．哈穆特嗎？」為首的青年問。

「我是。」

「我們想找您談一談，是戶籍登記的事，方便跟我們走一趟派出所嗎？」他的語氣平淡，身後那兩個人看起來是他的助手。這幾名來客很顯然是便衣警察。

在中國，戶籍記錄著同一戶每位家人的基本資訊，被公認是最重要的身分證明資料。調查戶籍也是警察常用來登門視察或將人拘留的藉口。

「沒問題。」我答得同樣平靜。

「身分證帶著。」那名警員補了一句。

「在身上了。」我拍拍口袋裡的皮夾。

瑪爾哈巴焦慮地看著我們。

「放心，沒事的。」我套上外套鞋子邊對她說。「只是問問我們的戶籍。」

隨他們下樓時，我注意到警員一前一後把我包夾在中間。天氣晴朗，但有寒意。

他們是開私家車來的，這表示今天的事都不會記錄在案。我和跟我說話的青年坐進後座。另一個男人開車，年輕女人坐在副駕駛座。

我不免在心中揣想他們為什麼找上我，但我想不出最近做了什麼可能會是肇因的事。

車子開出我住的公寓小區，很快開上大路。如果要去當地派出所，車子到了十字路口應該左轉才對，但我們卻往右轉。這時方才與我說話的青年從口袋掏出警察證，對我隨意展示兩下。

「我叫阿克巴爾，這位是米吉提。我們是烏魯木齊市公安局來的。有點事想和您聊聊。」他沒有介紹年輕女人是誰。

阿克巴爾稱呼我的時候，用的是敬語代名詞「您」（siz），這是好兆頭。他們如果認為我是罪犯，從一開始就會態度輕慢，用不正式的「你」（sen）叫我。

我沒說話，只是盡可能保持鎮定。按照我的經驗，這種時候反應激烈無濟於事，最好表現出一副搞不懂為什麼被帶走的樣子。恐懼、慌張、混亂反而正合他們意。

「您是做什麼的？」阿克巴爾問。這不是訊問，他是在試探我。

「我是影視導演。」我盡量答得簡短。

他點點頭表示聽到，又繼續提問：「您也寫劇本嗎？」

聽到這個，我猜想他們拘留我可能是為了我的寫作。

「不，我導別人寫的劇本。」

「您導過誰的劇本？」

我提起三位作者的名字，其中一人是我的朋友帕爾哈提．吐爾遜。

「帕爾哈提．吐爾遜——褻瀆我們先知穆罕默德的那個人？」

我聽到一名警察說出這樣的話很震驚，可是隨即冷靜下來。他一定是想套我的話，探聽我的宗教觀。但他那一句批評還是令我惱火。

「你讀過帕爾哈提據說褻瀆先知的小說嗎？」我的聲音洩漏了我的不悅。

他沒打算讓步。「沒有，但我讀過評論的文章。」

「我建議你找原著來看。」我回嘴。「你們政府員工不是應該滴水不漏嗎。」

帕爾哈提十年前出版的《自殺的藝術》，涉及維吾爾語文學向來迴避的主題：疏離、性慾、自殺。這本書因為挑戰了維吾爾族的審美傳統和社會風俗，在文學圈掀起不少風波。有保守派評論者批評它褻瀆先知，雖然那是不實指控，但在此之後帕爾哈提便受到輿論猛烈抨擊，有人甚至揚言要取他性命。

「您也是作家嗎？」阿克巴爾問。

「我寫詩。」

「什麼樣的詩？」

「你不會懂的詩。」

「哦，您也寫那些朦朧的東西？」他嘲諷地笑了笑。我沒說什麼，車內陷入沉默。車繼續沿著市區熟悉的街道行駛。

我還是不知道警察今天找我做什麼，我在想會不會和我十多年前入獄有關。要是這樣，我的麻煩就大了。

一九九六年，我計畫赴土耳其求學，卻在中國與吉爾吉斯的邊境被捕，罪名是「涉嫌攜帶不法及機密文書出境」。那個年代，凡是維吾爾人都有可能因為任何藉口被捕，這會兒也輪到我了。我先在烏魯木齊一座看守所被關了一年半，之後被正式判勞教三年。我服完了一半刑期，剩下的一年半被送往喀什市的勞動教養所。

終於從勞教所獲釋後，我已被解雇教職。我回到烏魯木齊，沒有工作、沒有錢，也沒地方住，有的就只是一紙戶籍。

我日以繼夜工作，好不容易站穩腳跟當了影視導影。但身為一位效力於國家體制外的「赤腳導演」，我多半被雇用去執導低成本的電視劇、音樂影片和廣告，收入只能勉強糊口，有時甚至連一部能導的影片都遇不到。

那一陣子，新疆電視臺徵求譯者把每日新聞由中文譯成維吾爾語。應徵者約有三百多人，我在能力檢測中拿到最高分，但錄取前進行的政治背景調查，查出我先前曾遭到解雇，電視臺於是駁回我的申請。

之後，我當了作家一段時間，但我發現單靠寫作是不可能維生的。二〇〇一年我和瑪爾哈巴結婚時處境就是這樣。

我和瑪爾哈巴好幾年前就認識了。當時我剛從北京回烏魯木齊工作。帕爾哈提除了平日的工作外，還在一間為維吾爾族農民提供農業資訊的小公司兼差，他邀請我加入。反正我在學校教課不多，便答應了。我就是在這家公司初次見到瑪爾哈巴，她也一樣剛來這裡工作。

我常不經意瞄到這位生得聰明伶俐的女孩偷偷看向我，打量著我。

她比我小五歲，按傳統應該稱我塔依爾大哥，年紀較長的女性則會稱姐姐。但瑪爾哈巴只直呼我塔依爾。我看得出這女孩有些特別。

在農業資訊公司工作的那段日子，有時我們中午會一起吃飯，也經常聊天，久了便愈走愈近。

入獄三年，我和瑪爾哈巴斷了所有聯繫，獲釋後回到烏魯木齊，我第一件事就是向帕爾哈提的太太打聽瑪爾哈巴是否單身。幾天後，瑪爾哈巴和我約定在人民劇場門口見面。

我到的時候看到她已經在等我了。她用甜美之至的笑容迎向我，但相互問候以後，她浮現愁容。三年前我的不告而別讓她深深受傷，後來聽說我被捕，她哭了三天，一步都沒出家門，也吃不下飯。

那是個寒冷的冬日，不久天就要黑了。我們站在路邊說話，汽車呼嘯而過。三年的牢獄生活讓我對周圍的動靜變得很敏感，但聽了她的話，我再也沒有注意到冷。

之後我們經常見面。幾年的苦難結束了，我強烈感受到對家庭溫暖的渴望，與瑪爾哈巴的關係也逐漸加深。她心腸好又善良，常常來探望我、照顧我，把我的憂傷視如己出。

終於，我們兩人決定結婚。我住在喀什的父母親沒什麼家產，但還是勻出一筆錢讓我們租房子。至於彩禮，我向一個朋友借了五千元——那是很微薄的彩禮。「別擔心這個。」瑪爾哈巴說。「只要我們同心協力，一定能賺到錢，過好日子。」結婚後，瑪爾哈巴和我一起慢慢還清了那五千元。

婚後不久，我們得把戶籍合併遷到現居地。我去了原本戶籍登記地的派出所，領取我的戶籍資料，帶到新住處的派出所。負責戶籍登記的漢族女警審核了我的資料，我萬萬沒想到她的反應會那麼傲慢敷衍。

「你現在的身分號碼，與你檔案裡登記的身分號碼不一樣。」

「怎麼會不一樣？」

「你原本的身分號碼開頭是十一，是北京的地址碼。」她俐索地回答。「但你現在的身分號碼是烏魯木齊的地址碼，開頭是六五。這不對，每個人只會有一個身分號碼，你北京開頭的那個號碼才作數。」

我一時之間無言以對。「我現在該怎麼做？」終於我問她。

「去你當初登記的派出所，把身分號碼改正再回來。不然你的戶籍不能遷來這裡。」

當年離家去北京上大學，我按照政府要求把戶口簿帶在身上。不久，中國發行第一代身分證，我也拿到一張，因為當時我的戶籍登記在北京，所以身分證開頭是北京的地址碼。回到烏魯木齊後，我把戶籍遷回當地派出所，又拿到一張新的身分證，開頭是烏魯木齊的地址碼。我沒有留意前後的變動，我以為戶籍地址搬遷，身份證號也要跟著改。六年來，我用這個身分證號都沒遇上問題。現在卻告訴我，這個身分證號是錯的。

隔天我回舊住處的派出所說明情況。負責的漢族警員看了看她昨天印給我的資料，馬上就看出問題。但她一句話也沒說，只是坐在那裡。「真的不對嗎？」我追問，想把事情搞清楚。她很明顯不想承認錯誤。政府官員尤其是警察多半不願承認自己有錯，我猜我的身分號碼八成是六年前另一名警員更改的，但若是這樣，只表示這名女警在為別人掩蓋錯誤，堅守整個體制的榮譽。

她忽然抬頭。「你當初怎麼沒發現有錯？」

「我以為戶籍從別的地方遷到烏魯木齊，身分號碼也會跟著變。」

「這是你的問題。」她一口咬定。

我失去耐心。「是你們擺烏龍，你現在卻怪我？我又不能擅改身分號碼，這完全是你們的責任。」

「你不能這麼說。」她自顧自說，沒把我的話當一回事。「你寫一封道歉函過來，承認是你當時疏忽沒發現錯誤。那我就能替你處理。」

沒什麼好說的了。我知道我應該慶幸問題還有辦法解決，雖然代價是要我認錯擔罪。我寫來道歉函後，警員填了一張名為「新疆公民身分號碼變更證明」的表格，聲明我現有的身分號碼不正確，將恢復使用先前的身分號碼。她在表上蓋了章。

恢復了舊的身分號碼，我過去六年的人生，包括在獄的三年，都成為沒有號碼的生命。其實這對我反而好。我希望也相信這下我被判罪和坐牢的紀錄在警政系統裡都被抹除了。當時網際網路在電腦的應用尚不普遍。

婚後，我和瑪爾哈巴沒有穩定的聘職，這邊打打工，那邊兼兼差，勉強可以溫飽。我們都很努力，生養孩子組成家庭的日子辛苦漫長卻也快樂。好不容易，我在一家民營影視公司得到影視導演的職位，我們也有了兩個孩子。七年來，我們一直租房子住；終於在二〇〇八年，我們有能力抵押貸款，買了自己的窩。

我的導演作品逐漸有了知名度。我繼續寫詩，也有詩人的名氣。經歷諸多努力和無數挫敗，我倆的生活終於漸入佳境，我感受到相當程度的安心。

從我出獄至今的十年間，警察三不五時會來找我，理由五花八門。他們對其他無數名維吾爾族知識分子也是這樣。不過，這些約談從來和我坐過牢的經驗無關。除了身分號碼改過，我相信也是因為當初我是在克孜勒蘇州被捕，而我的戶籍地址是在烏魯木齊。除非是特別重要的案件，不然警察通常只會管自己轄區內的事。克孜勒蘇的警察不可能成天特地跑一千五百公里到烏魯木齊來監視我。

假設我坐牢的紀錄讓烏魯木齊警方將我列入黑名單，我下半輩子恐怕都會受到嚴密監視。我們一家人好不容易掙來的安穩將毀於一旦。

車子開進市區一條窄路，在天山區公安分局前停下。那是一棟老樓。便衣警察領我上二樓，到一間平凡無奇的辦公室。裡面有三套桌椅，桌上各有一臺不起眼的電腦，桌面和電腦螢幕都覆了一層薄灰，我推斷起碼有一個月沒人進過這間辦公室。

阿克巴爾示意我坐在最靠近門的椅子。跟我們一起來的女警已經不見了。「要喝點什麼嗎？」阿克巴爾問我。

「給我一罐可樂，如果有的話。」我回答。

米吉提走出辦公室。阿克巴爾摁開窗邊的電腦，禮貌地問我：「請您把身分證給我好嗎？」我從皮夾拿出身分證，走過去遞給他。他接過後放在桌上。

米吉提拿著三罐冰的可口可樂回來，遞了一罐給我，另一罐給阿克巴爾。阿克巴爾走出辦公室。我啜著可樂，盡可能表現平靜。米吉提在桌上放下他的飲料，望著閃爍的電腦螢幕一會兒，然後走向門邊。我趁他還沒走掉，跟他說我需要上廁所。我想看看他們會有何反應。走廊上沒人，米吉提要我跟他走，隨後領我到隔兩扇門的洗手間。我踏進去，米吉提也跟進來就近監視我。看來我是他們很感興趣的人。

隨米吉提回到辦公室後，我坐回原位。米吉提出去了。

他們留我單獨在這裡坐了快一個鐘頭。這是心理戰術。人在這種處境下，會焦急地想知道自己為什麼被帶來這裡。被放著獨處又得不到資訊的時間愈長，人會愈焦躁、混亂而絕望。我因為明白這個道理，多少還能保持鎮定。

終於，阿克巴爾和米吉提回到辦公室。米吉提手上拿著一本格線簿和一支原子筆。阿克巴爾拉來一把椅子坐在我面前。米吉提在窗邊的電腦前坐下。

阿克巴爾開口說話。「您以前大概沒來過這種地方，想必很緊張，但不用擔心，沒什麼好緊張的。我們只有幾個問題，您只要誠實回答，很快就結束了。」

我一聽就知道今天的訊問與我入獄的經歷無關，暗暗鬆了一大口氣。

「當然。」我自信地說。

接下來，阿克巴爾按部就班且不厭其煩地盤問我個人和生活的細節：姓什麼名什麼、今年幾歲、家住在哪裡、在哪邊工作、家裡有幾個人、親戚有誰等等，此外也要我簡述生平。這是官方程序。

敘述生平的時候，我跳過了入獄的經歷沒說。說到被學校解雇時，我說是我自己「辭職」。一九九〇年代中期到末期，「下海」創業的風潮蔚為一時，無數名公務人員和公營企業雇員放棄穩定的飯碗，到私營事業碰碰運氣。我辭職的說法不會特別引起注意。

米吉提把這些全寫了下來。我提供基本資料時，他屢次看向擺在桌上的我的身分證。

米吉提一邊寫字，他的筆卻三番兩次阻撓他。他反覆拿起筆甩，讓墨水順暢。我愈看愈替他難過，心想可惜沒有筆能借他。但他的耐心令我詫異，換作是我早就去其他辦公間找一支好寫的筆了。

問清我的身家背景後，阿克巴爾又問起我上班的公司做些什麼業務。我開始鉅細靡遺說明。

「你們的公司與國外有聯絡嗎？」他細問，語調很平常。

我馬上就懂了。關鍵點終於浮現：今天的訊問重點是我與海外的聯繫。

「我記得有個同事的女兒在國外讀書。」我認真地說。

「您呢？您和國外有任何聯絡嗎？」他追問，逐步縮小話題重點。

「我和兩個在國外的朋友有聯絡。我朋友居熱提在日本讀博士，我們不定期會聯絡。阿布萊提在荷蘭攻讀博士，我們也常通電話。」我邊說邊想到上星期我和阿布萊提講了超過一小時的電話，今天這場訊問的理由逐漸明朗。

阿克巴爾先問了居熱提的事。這是他縮小目標的另一種手段，我決定試探他：他的目標是阿布萊提，但我故意不疾不徐說明我和居熱提的關係。居熱提從高中時代與我就是好朋友，後來去了四川成都醫學院念書，畢業後回到維吾爾自治區，先在自治區維吾爾醫醫院工作，後來轉任腫瘤醫院，兩間醫院都在烏魯木齊。看得出來阿克巴爾對我喋喋不休講這些折磨人的細節愈來愈不耐煩，就在我說到居熱提準備赴日留學時，他失去耐心，開口打斷我：「阿布萊提呢？您說阿布萊提在荷蘭，您和他是什麼關係？」

終於來到重點了。我說阿布萊提和我一直來往密切，他在烏魯木齊一間出版社做過編輯，後來出國去荷蘭念書。阿克巴爾問我最近一次是什麼時候、為了什麼和他通話。

阿布萊提上上星期六接近中午時打電話給我。十天前他便打來過一次，問我能不能寄幾首我的詩給他。他太太剛從烏魯木齊去到荷蘭，空閒時間很多，想試試把一些維吾爾詩譯成英文。聊過後，我用電子郵件寄了十來首詩給阿布萊提，但不知何故沒有寄達，所以他星期六才又打來問我。我答應很快會把詩重新發送給他。

阿布萊提接著和我聊起維吾爾知識分子的近況，瑪爾哈巴示意我該掛電話吃午飯時，我們正聊到興頭上，我的朋友遠在世界彼端，我不忍心就這樣結束對話。

我對阿克巴爾詳加描述那通電話的內容。不用說，對話裡沒有任何會引起警察關切之處。維吾爾知識分子和彼此講電話，早就習慣小心自己的用字遣詞。我們常開玩笑說，我們的自我審查比警察還嚴格。依我看，引發當局關注的一定是久的不尋常的通話時間，而不是通話內容。警方想知道一個生活在海外的維吾爾人跟一個在烏魯木齊的維吾爾人，有什麼事需要用國際電話講上一個多小時。

阿克巴爾想必很滿意我鉅細靡遺的敘述，表情明顯逐漸放鬆。

「我明白了。我們想知道的就是這些。」他微笑著說。「您也在北京讀書。我是北京公安大學畢業的。」

「是嗎？」我回以微笑。但那一瞬間，我心中看見瑪爾哈巴坐在家裡著急的模樣。我忽然被一股衝動吞沒，只想趕快離開這個地方。但阿克巴爾沒有半點要盡快結束的意思。

「當然了，我比你年紀小。您算是我的大哥。既然我們有這個機會認識了，以後也保持聯絡呀。」

這是我最不想聽到的話。但我沒別的辦法，只能假意答允。

「那當然。」我熱切回答。

「我們有空就聯繫一下。要是我不方便，米吉提也會撥電話給你。咱們吃個飯聊一聊。」

這是個圈套。

「那是一定。」我大著膽子說。「什麼時候方便就打給我。」

「哦，還有一件事。」阿克巴爾突然神情嚴肅補了一句。「您在網上用什麼通訊？」

「我只用電郵或QQ即時通。」

「您寄給阿布萊提的詩一定還在電郵信箱裡吧？」

阿克巴爾想測試我給他的說法是否屬實，順便看我那些詩有沒有政治問題。

「我敢說一定在。」

「這樣的話，您留個電郵地址和QQ號給我們，密碼也要。」阿克巴爾語氣唐突。

「現在是下午六點。未來二十四小時內，請不要動這兩個帳號。」

米吉提把剛完成的報告翻到最後一頁，放在我面前的桌上，再把他那支斷水原子筆遞給我。我接過後大力甩了兩下，寫下阿克巴爾要求的資訊。米吉提把我的身分證交還給我。

我們走出派出所，阿克巴爾也準備下班。「好啦，塔依爾大哥，咱們保持聯絡。」這種時候他稱我大哥，只讓我打從心底感到空虛。

「我要怎麼回家？」我惱怒地問。「你們載我來的，是不是能載我回去？」他們耗了我大半天沒頭沒腦訊問我，我怎樣也要扳回點顏面。

他們誰也沒料到我會提出這種要求。阿克巴爾有點亂了陣腳。米吉提飛快瞥了他一眼。「啊，當然，當然。」阿克巴爾很快又振作起來。「米吉提會載你回去。瑪爾哈巴姊姊一定等得很急。不然您先給她打一通電話，也好讓她放心嘛。」他嘻皮笑臉說完。

米吉提用同一輛車載我回去。回到我住的小區時，天已經黑了。

我一走進家門，瑪爾哈巴就撲上來抱著我嚎啕大哭。她快擔心死了。我們的兩個女兒，阿斯娜和阿爾米拉，也跑過來緊依著我。

警察把我帶走後，瑪爾哈巴馬上到處聯絡我們的朋友和熟人，問他們在警界有沒有人脈，懇求他們找人幫幫我。其中已經有兩個熟人開始打聽我的下落。事不宜遲，我立刻打電話告訴他們沒出什麼嚴重的事，我已經平安回家了。我向他們道謝後掛上電話。

隔天晚間，阿克巴爾要求的二十四小時結束後又過了兩小時，我把寫給他的電郵和QQ帳號都作廢，重新註冊了新的帳號。我決定要節制一陣子，暫時不和國外的友人聯絡，包括阿布萊提和居熱提。

過了兩星期，阿克巴爾打來了，當時我正在辦公室工作。客套寒暄後，他說如果我有空，想和我見個面。我禮貌說明此刻我正忙得不可開交，過幾天會有空，不如到時候再見面聊。只要能像這樣不斷找藉口迴避阿克巴爾和米吉提，最後一定能徹底擺脫他們。但只要和他們見上一次面，麻煩就會沒完沒了。他們想利用我對警察的恐懼，看能從我身上得到什麼。如果順了他們的意，他們能順勢逼我透露身邊人的情報，或最少也能拗我為飯錢買單。

又過了兩個多星期，米吉提打給我，說阿克巴爾想和我聊聊。我馬上想出另一個藉口搪塞：我現在日以繼夜忙著拍一部紀錄片，要過一陣子才有空，但只要有空，我一定會自己聯絡阿克巴爾。照目前看，他們還不打算輕易放過我。

大約在這前後，自治區文化廳決定舉辦一場文化節，發揚獨特的刀郎文化。刀郎人是維吾爾人的一個分支，主要生活在自治區的西南方。文化節辦在刀郎文化的核心重鎮麥蓋提，開幕典禮計畫將有盛大的藝術表演。文化廳派來一名督導監督表演，但這名督導非常忙碌，主辦單位又需要有人管理每天的瑣事，尤其舉辦麥蓋提文化節前的準備工作細瑣冗長，於是他們請我接下統籌工作。

米吉提再度打來時，我人在前往機場的計程車上，他二度要求見面。眼見一舉擺脫糾纏的機會終於到來，我也不多廢話。「我受自治區政府指派去麥蓋提一個月，現在人在路上。我不是沒事幹的人，你們不能這樣每天煩我。」我語氣嚴厲，挑明了說。「我如果犯罪，你們抓我就是。如果沒有，別再打這些無聊的電話，做些荒唐的要求。」我特意強調出差是為了政府工作，要嚇唬政府的人就要祭出政府的名號，他們喜歡欺侮的就是像我這種在政府體制外做事的人。

這一招無比管用，從此他們沒再聯絡我。

五月初，我一位朋友在烏魯木齊的葡萄園宴會廳結婚宴客，我在市內所有近交熟人幾乎都到了。作為婚禮總召，我在整場婚宴上到處跑，處理大小雜事。

婚禮進行中途，我趁空鑽進洗手間，沒想到出來時迎面撞見阿克巴爾。「噢，你也來參加婚禮？」我雖然驚訝，但毫無遲疑地問他。

「是啊，我來吃喜酒。」他回答我，但看得出來很慌亂。「晚點見呀。」說完他便倉皇躲進廁所。

我想知道阿克巴爾跑來婚禮做什麼，於是走向新郎新娘主桌，謹慎地問我朋友，受邀賓客之中有沒有一個叫阿克巴爾的警察。他向我保證名單上沒有這樣的人。我正好是婚禮總召，有絕佳理由在會場走動，留意阿克巴爾的動向，但到處都沒再看到他。

新郎最近剛從海外留學歸來，我們一位美國人朋友也在賓客之列。我猜這是阿克巴爾不請自來的原因，監視與海外有聯繫的人想必是他的職責。這時我才明白，無論到哪裡都走不出祕密警察的視線。

我知道我們畢竟難逃警察不定時騷擾，也不覺得有什麼理由能相信情況會改善，但我仍忍不住希望有某種方法，讓我不用再經歷這樣的事。我真的厭倦活在恐懼之中。

一　北京來的電話

我經常回想起二〇一三年的元旦。

那天傍晚，我意外接到伊力哈木．土赫提的電話，當時他是北京中央民族大學經濟學院的教授。我們多年沒聊了。他打來時人在大學後門一間維吾爾餐館，與我們在北京一位共同好友吃飯慶祝新年。

寒暄過後，伊力哈木宣告：「習近平上臺了。今後我們的處境會好轉的，別灰心喪志。轉告我們在烏魯木齊的朋友，叫他們要樂觀。」伊力哈木當時心情很好，他說處境會好轉，指的是維吾爾自治區急遽惡化的政治局勢。

從今日來看，期待習近平執政能為維吾爾人帶來和平實屬荒唐，但當時不少維吾爾知識分子懷抱如此希望。部分開明派的漢族知識分子也認為，習近平執政說不定相對開明。由於中國政壇欠缺透明，人們往往也只能臆測新任領導人的政治傾向。

習近平的父親習仲勳在中國共產黨掌權後不久，即任官於中國西北地區，曾批評國家對新疆地區的鎮壓政策。維吾爾知識分子傾向認為習近平在維吾爾問題上也會追隨其父腳步，這是誕生自絕望的希望，是慘受虐待的族群對殖民者予以寬待的幻想。

我是一九九〇年代初，在中央民族學院認識伊力哈木的（中央民族學院為當時校名，後更名為中央民族大學）。我念大學部時，伊力哈木是經濟學碩班的研究生，他是個精力充沛、健談多話的人。他語速很快，好像裝了滿腦子的話，急著想一口氣吐出來。每次我們在校園相遇，他都會興奮地拉著我就地聊起來，完全不管旁邊是否有教授同學經過。尤其聊到他最愛的主題——維吾爾自治區的經濟和人口狀況時，他的話匣子一開就很難關上。

後來，伊力哈木成為可能是中國最出名的維吾爾族異議知識分子。他在二〇〇〇年代中期創建「維吾爾在線」中文網站，發表文章捍衛維吾爾人的法律權利。伊力哈木認為中國政府訂下自治政策，卻未在維吾爾自治區實施；新疆生產建設兵團在當地無法無天，簡直自成一國；漢族移民大舉湧入，擠壓當地原住民族的生存空間，讓他們在自己的家鄉淪為少數民族；同時，維吾爾人面臨嚴重失業問題，維吾爾語也被教育系統排擠至邊緣。

「維吾爾在線」的核心宗旨，是鼓勵漢族與維吾爾族進行良善對話，強化民族間的理解。該網站不限維吾爾族、漢族或其他民族，成為有志一同的知識分子與學生的交流熱點，在海外也漸漸產生影響力。我表弟就曾經向我介紹維吾爾在線，他說很多維吾爾青年都成為網站的忠實讀者，經常辯論在網站上讀到的文章。

伊力哈木的異議觀點自然也引來中國政府關切。他常常會被警察請去「喝茶」，這是委婉的說法，其實是指讓一些人接受非正式警告或訊問。若碰到敏感時期，例如二〇〇八年舉辦北京奧運，或西方國家領袖訪問北京，警察還會帶伊力哈木全家人去「度假」一段時間。二〇〇九年，烏魯木齊發生七月暴動，政府聲稱伊力哈木應為事件負責，他和家人一夕消失。很多人推測他被抓了，後來才曉得他和家人在北京郊區被非正式拘禁一個半月，之後終於獲准返家。

雖然有這些前例，伊力哈木卻從不認為政府會正式逮捕或監禁他。畢竟他是國家首都的大學教授，何況他認為自己的批評言論完全於法有據。他也因為戶籍登記在北京而稍感安心，首都的政治氛圍和維吾爾自治區大不相同，如果伊力哈木是在新疆從事相同活動，可能早就被逮捕。

但局勢並未如伊力哈木預期發展。二〇一四年一月中旬，伊力哈木在北京家中被捕的消息傳到了烏魯木齊。我一聽說此事，連忙四下打聽是哪裡的警察逮捕他的，有人說是從烏魯木齊過去的警察。

烏魯木齊警方會遠赴兩千多公里外的北京逮捕一名大學教授，這件事很不尋常。照理說，北京警方擁有要不要抓伊力哈木的管轄權，會出動烏魯木齊警察，就代表逮捕伊力哈木是最高層下的命令。不久，我們又聽說伊力哈木的幾名維吾爾族學生，約莫也在同一個時間在校園失蹤，八成是遭到警方羈押。換句話說，情勢相當嚴峻。

我對於知識分子只因呼籲政府落實執法就遭到逮捕感到十分震驚。我有股不祥的預感，認為未來勢必有一場災禍等待整個維吾爾知識分子群體。為了預防即將到來的危險，我撥出一些時間檢查儲存在筆記型電腦和工作用桌上型電腦的檔案，把所有可能被警察當作把柄的文件、影片、錄音、照片悉數刪除。我也指示我們辦公室每一名員工，對自己的電腦做一遍類似的「清掃」。

不久前我上網隨意瀏覽，無意間看到《零八憲章》，那是漢族異議人士劉曉波起草的宣言。日後獲得諾貝爾和平獎的劉曉波，與其他簽署者在宣言中呼籲中國實現民主人權。我讀過後決定把它翻譯成維吾爾語，但由於沒機會發表譯文，檔案一直躺在電腦中。兩年前，有一位朋友給我一個Word檔，是《新疆：中國的穆斯林邊土》（*Xinjiang: China's Muslim Borderland*）的中譯本。那是一本學術文集，收錄十多位美國與他國專家的文章。人民解放軍總政治部曾將這本書譯為中文，想必只在內部流通。我渴望將任何跟維吾爾人、還有跟我們家鄉有關的外國資料都盡可能弄到手，從頭到尾我至少讀了這本書三遍。另外，我也有漢族作家王力雄在臺灣出版的《我的西域，你的東土》一書的PDF檔，以及達賴喇嘛與流亡的維吾爾領袖熱比婭．卡德爾的合照。照片中，達賴喇嘛情意真切地攬著她的肩頭。看到兩名同樣受到中國壓迫的族群領袖有這樣溫暖的連結，讓我很感動。

這些資料都是我費了很多心力才找到及翻譯的，雖然不甘心，我還是都將它們給刪了。每刪除一個，我心裡也愈不是滋味。但後來發生的事證明我的決定是對的，情勢變更糟了。

二〇〇九年烏魯木齊暴力事件後的鎮壓尚未結束，政府隨即展開單獨針對維吾爾人的行動。這場被稱為「嚴打」的運動，名義上以打擊「宗教極端主義、民族分離主義、暴力恐怖主義」為目標，實質上的影響卻更深遠。遷入新疆的漢族人數比過去增長更多；維吾爾人家園被毀，土地被沒收。維吾爾族的宗教活動和文化生活日益受到箝制；在日常生活中，維吾爾人也面對愈來愈多歧視。伊力哈木當初指出的問題不只沒被解決，還更加惡化。但政府堅信倘若維吾爾人有任何不滿，都是源自分離主義和恐怖主義，因此不分青紅皂白懲罰所有人。

二〇一四年三月，伊力哈木被捕兩個月後，位於中國西南省分，距烏魯木齊幾千公里之遙的昆明市，傳出發生火車站的恐怖攻擊事件。官方媒體宣稱五名頭戴黑面罩的維吾爾人，在售票大廳持刀攻擊民眾。

又過了兩個月，官方媒體報導有兩名持刀的維吾爾人，在烏魯木齊火車站出口襲擊乘客，之後引爆炸彈自殺身亡。不久，又有報導稱維吾爾族恐怖分子在烏魯木齊的早市發動自殺攻擊。

○九年烏魯木齊暴亂事件過後那幾年，維吾爾自治區的局勢看似平靜許多。但如今在短短三個月內，就發生這一連串暴力攻擊，局勢再度變得緊繃，政府的姿態與發言也比以往挑釁。

維吾爾人提到這些事件時，常常會說「出事了」。我認識的人多半對這些事件心情複雜，一方面它們憎惡政府和漢人，多少覺得死傷是活該；另一方面又覺得事件應該針對政府，拿平民開刀是不對的。此外，人們也擔心這些事件會導致國家力道更大的鎮壓，危及他們個人。生活受到打擾的人私底下也會埋怨：「何必做這些傻事，這些人就不能對每天還能填飽肚子懷抱感恩嗎？」

官方媒體對這類事件的報導大致上都含糊其辭、自相矛盾且缺乏說服力。謠言四起，懷疑揣測迅速蔓延。政府宣傳堅稱這些暴力事件都是分離主義者和恐怖分子指使，目的是讓新疆脫離中國，建立獨立的東突厥斯坦。政府拒絕承認暴力的成因，有可能出在他們的政策本身和維吾爾人的生活困境。

在維吾爾人之間，有關攻擊行動的起因流傳各種說法。最多的一種是把攻擊事件的始作俑者，勾勒為受國家不公義所害，因此決意報復。甚至有人相信是政府自導自演攻擊事件，目的是找藉口增加鎮壓，打擊維吾爾人的反抗意志。

針對攻擊事件，政府採取的作法並非懲處涉案的個人，而是殺雞儆猴，嚴懲與事件無關但和肇事者有關聯的人。不只是親戚或熟人，僅僅是與肇事者一起吃過飯、曾邀請對方來家裡作客的人，都被政府指控「包庇恐怖分子」。

我和許多維吾爾知識分子一樣，很好奇外國媒體如何報導事件，很想知道這些消息在海外激起怎麼樣的反應。〇九年烏魯木齊暴力衝突後，維吾爾自治區的網路被禁用將近一年，後來雖然重新開放了，但仍有無數個外國網站，特別是新聞網站遭到封堵，存取一律被視為重罪。但上有政策，下有對策，我們偷偷摸摸用VPN繞過國家惡名昭彰的「防火長城」，瀏覽多個國際新聞網站。我們對自己的家園與周圍發生的事，能獲得的資訊少之又少，所以甘冒風險翻牆。

但現在，繼伊力哈木被捕和一連串暴力事件後，國家監控更趨嚴密，我剩下的選擇不多，只能刪除VPN、對國際網站徹底斷念。既然不能使用全球網路，用短波收音機收聽外國新聞似乎是我僅有的選項。

那一年暑假，我們全家回喀什探望我父母，也和一些老朋友聚首。瑪爾哈巴有個大學同學的先生在喀什市一間購物商場販售電子用品，我決定去向他買短波收音機，我想他應該能推薦一臺好的。

我走進他的店裡時，他正忙著把架上展示的收音機裝回盒子，再把盒子堆進大紙箱。我和他打了招呼，問他在忙什麼呢。「派出所來了電話。」他恨恨地說。「要我們把店裡的收音機全收起來，從現在起禁賣收音機。」

違禁品名單似乎愈來愈長了。幾年前政府禁了火柴，謠傳這是國家為了預防分離主義者從火柴頭提取硫磺製造炸藥。

我購置收音機的計畫到此告終。幾天後，我聽說警察開始沒收一般人家裡的收音機，先是村鎮，之後涵蓋到城市。

我心裡想，看來收音機時代到此為止了。

*

我出生於一九六〇年代末，生在塔克拉瑪干沙漠西北邊緣一座平凡無奇的貧窮小村。這個村子是伽師總場轄下的一個生產大隊，隸屬於新疆生產建設兵團第三師。區內的生產大隊彼此相隔好幾公里，要在不同大隊之間遷徙，只能循著泥土路穿越沙漠。這裡的居民住的是政府提供的素樸泥磚屋，每間屋子都長得一模一樣。每逢插秧和收成時節，生產大隊成員會集體在村子周圍的廣闊田裡勞動，這些田都是剛開墾的土地。大隊成員會把坎土曼扛在肩上，結伴一起下田，人人的薪水都一樣。這裡的糧食主要是玉米粉，按照配額供應，肉、油、米、蔬果和小麥麵粉都是貴重商品，有時我們一連幾個月都看不到砂糖。

在我們村裡，單車、腕表與收音機是最珍貴的財產。收音機是認識外面世界最重要的管道，也是最大的娛樂來源。每一家的收音機都同樣有一層皮革外殼和一條帶子讓你掛在脖子上。男人們總會戴上腕表，讓妻子坐上單車後座，再把脖子上掛的收音機音量轉高，騎著單車來回於巴札（集市）。這是他們最快樂的時刻。我父親也會像這樣載著母親去巴札，傍晚時帶著四、五顆糖和一個白麵粉烤饢回來給我，饢餅是用真正的小麥麵粉做的，不是我們平常吃的粗玉米粉。當時我真是全世界最快樂的孩子。

父親珍愛的收音機平時掛在家裡一根柱子上，誰也不許去動。我們用收音機聽國家的政宣新聞、從來都不準的氣象預報，也聽讚頌黨的歌曲。母親一邊做家事，會跟著曲子一邊哼唱。

鄰家的孩子會把壞掉的老收音機拆解開來。我們滿臉驚奇看著那些零件，無法想像聲音是怎麼冒出來的。最令我們著迷的是揚聲器後面的磁石，我們喜歡拆下磁石，用它來找我們埋在沙裡的鐵釘。磁石吸鐵的魔力令我們感到神奇。

一天早上，我家門前的廣場有人大聲嚷嚷。我跑到屋外，看到一名警察頭戴黑邊白帽，身穿白外套和藍褲子。他身旁是兩名穿便服的民兵，民兵手上有槍，手臂上繫紅袖章。他們拉著一個男人往前走，男人的雙手被反綁在背後，頭上戴了頂高高的紙帽。照這樣看來，他們是押著這個男人遊街示眾，從另一個生產大隊一路徒步走來這裡。警察對左右圍觀的民眾說了些話，我母親放下洗到一半的衣服，也往廣場走。我們母子倆走近群眾，但我擠不進去，看不清楚發生什麼事。過了一陣子人群慢慢散了，我們也回家了。

「那個叔叔怎麼了？」我問母親。

「他聽了蘇聯修正主義的電臺。」她嘆息地回答。

我一聽更好奇了。「他怎麼有辦法聽？」

「他在集體勞動時藉口要小便，躲到一棵紅柳後面，拿出藏在衣服裡的收音機偷聽塔什干的黃色歌曲，被人發現後告上了大隊長。」母親的語調嚴肅。

「那他現在會怎麼樣？」我問。

母親把聲音放低了些。「他被抓到一個月了。最近這五天，他們押著他挨家挨戶遊街，看樣子很快就會判刑了。」她緊張地瞄了瞄敞開的房門。

「黃色歌曲是什麼？」

母親重新洗起衣服。「就是不好的歌。」

「什麼樣不好的歌？」我沒有放棄，繼續追問。

「你還小。」母親嘆了口氣。「不用知道這些。」

過了一會兒，我到屋外去瞧一眼。正值夏天中午，天氣炙熱，廣場空蕩蕩的，只剩那個頭戴紙帽的可憐人坐在中央。警察和那兩名民兵一定離開去大隊長家吃午飯了。

我忽然覺得口乾舌燥。我回到屋裡，從角落的水桶舀了杯水，仰頭一飲而盡，然後想到外頭的叔叔一定也很渴。「我可以給他倒杯水嗎？」我問母親。她搓著衣服沒有起身，只是扭頭看向屋外。「好吧。」

我舀滿了一杯水，走向那個男人。他坐在地上低垂著頭，連我走近都沒察覺。我把杯子直直舉高到他眼前，他嚇了一跳抬頭看我。這人比我父親年長，蒼白的臉被抹黑，鬍子蓬亂，嘴唇皸裂。他頭上的尖頂高帽是用報紙折成的，換作任何人戴，看起來都很可笑。他的手被反綁在背後，於是我把杯子湊近他的唇邊。他和我一樣一口就把水喝乾了。他看著我對我微笑。我轉身跑回屋裡。

之後有許多年我都忍不住猜想，黃色歌曲到底是什麼。後來我才知道當年那個叔叔聽的「黃色歌曲」，其實是塔什干電臺播送的維吾爾民歌。很多維吾爾民歌以浪漫愛情為主題，而在那個人性被否定的年代，人人只是巨大革命機器的小齒輪，這些歌曲被貼上「黃色」的標籤，被列為禁歌。那個時期有很多人都因為「收聽敵對電臺的反動宣傳」受罰。在維吾爾自治區，所謂的「敵對電臺」指的大多是蘇聯各個中亞共和國的廣播電臺。

到了一九八〇年代初，局勢大幅好轉，收聽外國電臺不再被視為犯罪，過去負有「黃色歌曲」罵名的維吾爾民歌，也能在維吾爾地區的電臺自由播放了。但中國政府並沒有全數鬆綁對資訊的封鎖，因此即便後來電影、電視、錄音帶在人們生活中逐漸取代收音機，很多人還是會用短波收音機收聽外國電臺節目，獲取在國內受限的資訊。

有鑑於此，中國政府開始採取手段，阻斷國內接收外國電臺訊號。尤其在〇九年烏魯木齊事件後，政府提高了無線電干擾設備的預算，為預防「敵對勢力及海外民族分裂勢力滲透」，不過很多人還是不甘願放棄收聽外國電臺。二〇一〇年初，有一個家住和田的朋友就得意地跟我說，他弟弟知道怎麼調校收音機，讓收音機只接收自由亞洲電臺的維吾爾語節目，而且訊號很清晰。他弟弟大學讀的是電機工程，我聽說他幫好幾個人調整過收音機。

而今政府藉由禁賣短波收音機，與沒收維吾爾家庭本來擁有的收音機，企圖徹底切斷獲取海外資訊的管道。我們不能連結外國網站，也不能收聽其他國家的電臺，一夕之間發現自己活得就像井底之蛙。

二　我的自以為是

二〇一五年秋天，我前往實地拍攝電視劇《喀什噶爾故事》，期間計畫在木什鄉拍攝一周。木什鄉位於喀什市西方三十五公里，鄉里有幾個地點符合我們的場景需求。一日天剛亮，我和幾名劇組人員驅車前往木什鄉勘景。車子在路上飛馳，道路兩邊是成排的白楊樹，黃葉在晨光下亮得耀眼。

木什鄉對我而言別具意義。距離鄉中心幾公里遠，路旁的一片戈壁灘上矗立著喀什勞動教養所，我在這裡被監禁了一年半。這還是我獲釋後第一次重遊。

一路上我的同事們聊得起勁，只有我沉浸在思緒裡，當時的記憶如潮水般湧來。勞教所距離大路一兩公里遠，我從馬路上就能看到營外的樹叢。牢房仍舊在那裡。我遠遠望著那片當年我們在上面辛苦勞動的戈壁灘，但今天沒看到有囚犯在勞動。我聽說那座勞教所現在改關「暴恐犯」，顯然已被改造成祕密監獄。獄裡關押的人只會被稱為「暴恐分子」，但實際上犯了什麼罪無人知曉。根據我推斷，一定是被判處長期徒刑的政治犯。

我還在沉思之際，一個同事指著馬路右方巨大的新建築群，興致勃勃地說：「那是女子監獄。」建築群外圍的高牆上覆蓋鐵絲網，設有監視器。我們駛經厚重的黑鐵門，門楣上有中文字寫明這座設施是喀什女子監獄。門後是一排又一排的灰色樓房，門內凜冽安靜，不見半個人影。我深知監獄的景況，想到那些灰屋內必定上演的事，我就不禁打了個哆嗦。

那天上午，我們找到兩個合適的拍攝地點，一處是綿羊農場，一處是山腳下遍布碎石的原野。我們還需要找一間農舍，於是午飯後繼續上路。陪同我們的維吾爾村長聽了我們的需求，帶我們去到附近清真寺伊瑪目的家。我們屋裡屋外看了一圈，覺得這裡不大符合需求，打算告辭離開。但這位伊瑪目覺得鄉長來訪很榮幸，堅持大家留下來喝杯茶。我們不好拒絕，只好入座。

大夥兒一邊聊藥草茶，一邊就著杯口吹涼滾燙的熱茶。維吾爾人按照傳統通常會為賓客準備餐食，但今天的主人知道我們不會久待，騎上摩托車趕往附近巴札，買了幾十個肉餡的沙木薩回來。這些多汁的烤包子剛出窯，還是熱的，他在桌布上擺開來。

我們正準備要吃，忽然聽見某處傳來《小蘋果》這首中國很流行的歌。伊瑪目從口袋掏出手機，原來那是他的來電鈴聲，有人打給他。他走到屋外講電話。

二〇〇九年烏魯木齊事件後，治疆十五年之久的黨官王樂泉被調職，張春賢接任維吾爾自治區黨委書記。張甫上任不久，地方官員就安排在境內所有公共空間、學校，甚至是私人商店和餐館，不間斷播放《小蘋果》這首歌，簡直成了酷刑。大家都稱之為「張春賢的愛歌」。張一定是在哪裡聽見這首歌後向下屬提過喜歡，下屬大概為了巴結他，就在整個地區鋪天蓋地播放這首歌。

近來政府甚至安排伊斯蘭教長跳《小蘋果》舞。政府策辦公開迪斯可舞蹈比賽，要神職人員參加，並透過電視大肆播放。當我們看到這些平日莊重、受人尊敬、自戒聲色的教長被迫在臺上跳迪斯可，心中不禁湧上憐惜和憤怒。至於他們則多半咬緊牙關，盡可能不去想自己的處境有多荒謬、多可悲。強迫我們的教長做這些荒唐事，不只是公然侮辱他們，也是侮辱我們的信仰，但我們什麼也不能做。

伊瑪目講完電話回座，我問他：「你也跳《小蘋果》嗎？」。伊瑪目沒料到會被這樣問，一下子有點吃驚，但他維持住鎮定回答我：「我們有跳。無傷大雅，運動運動也不錯。」從他的語氣聽得出來他不是很喜歡這個問題，竭力避免再聊下去。鄉長也在場，他又能說什麼呢？我當下便後悔問了這一句。

這令我想起四年前目睹的一件事。二〇一一年秋，我受地方文化局之邀，赴庫車縣製作幾支庫車民歌的音樂影片。其中一支影片需要五十到六十名臨演，我們計畫從當地農人中徵募。我和縣文化局首長一同去見鄉長，說明需求。拍攝會在隔天進行，隔天十月一日正好是中國的國慶節。

鄉長也是維吾爾人，他聽了我們的請求後說：「明天大家會在所有做主麻日（星期五）禮拜的清真寺升國旗，我們可以等典禮結束後找農人們來。」

我很震驚。「您說什麼？」我大聲自言自語。「現在清真寺也要升國旗？」

鄉長和兩名村幹部無言以對，心底的悲苦全寫在臉上，我知道他們也無能為力。

在維吾爾人的禮拜場所升中國國旗，這種事前所未聞。就連文化大革命期間也沒有過。強迫我們在維吾爾人的神聖空間升國旗，又一次提醒我們被殖民的身分。我聽說政府也強迫藏人在寺廟升起中國國旗。

而今，維吾爾清真寺升起中國國旗後四年，維吾爾的宗教領袖被迫當庭廣眾跳迪斯可舞。

我們到木什鄉勘景後第二天，當我忙著拍攝一幕戲時，我的電話響了，是電視劇投資公司的老闆打來。在簡單問過拍攝進度後，老闆的語調轉為嚴肅。

「我有一件要緊事必須告訴你。從現在起，劇裡不能用assalamu alaikum（願真主賜予你平安）和wa alaikum assalam（願真主也賜予你平安）這幾句話了。電視臺收到自治區黨委宣傳部命令，我剛剛才接到電視臺臺長的電話。」

由於這部電視劇會在新疆電視臺播出，我們只能無奈接受電視臺頻繁的政治審查。按規定，我們的劇本寫好後會被翻譯成中文，呈交給政府特別審查委員會。先前委員會認為劇本沒有突顯黨對維吾爾人的仁慈，我們因而不得不額外加入許多橋段；接著委員會又說劇本裡沒有漢族角色，要我們添幾個進去。其實這齣連續劇完全著墨於維吾爾生活，但我們無可奈何，只能想辦法加入兩個漢族角色。經過數月的修正和審查，我們好不容易取得三十集製播許可。等到拍攝殺青，劇集還需要再經過一輪政治審查。

除此之外，我們還必須為全維吾爾語的劇集製作中文字幕。我從沒聽說有漢人收看維吾爾電視節目，頂多有通維吾爾語的漢人偶爾會轉到這幾臺吧。就連移居新疆的漢人都很少看新疆的中文電視頻道了，他們偏愛看中國內地家鄉省分製播的頻道。沒事要求維吾爾節目製作中文字幕，只不過又是一個監控維吾爾人的手段。

與歐洲帝國殖民者一樣，移居新疆的漢人瞧不起維吾爾地區的原住民族，他們絕大多數認為維吾爾語沒必要學。但正為因語言不通，他們眼中的維吾爾社會顯得陌生而高深莫測，經常令他們忐忑不安。而今，維吾爾電視節目不光受到政府層層審查，還必須附上他們的字幕，讓漢人隨時想看就能看，想監督就監督。

電視臺請出已退休的資深編輯阿里木校閱中文字幕。由於字幕負有「政治責任」，製作人往往很小心，對字幕格外費心，通常很少出錯。但阿里木連最細小的文法錯誤也不放過，尤其特別仔細檢查助詞**的**、**地**、**得**，這三個字在中文讀音相近，但文法作用不同。製作人都笑稱他是「的地得阿里木」。

一方面，我對不能用assalamu alaikum的命令感到火大，但另一方面也不意外。近年遭遇的事已經教我學會預見這些荒唐事。

「那我們應該用什麼？」我問。

「他們沒說。我猜可以用你過得好嗎、最近好嗎之類的。」

「宣傳部發書面通知下來了嗎？」

老闆愣了愣，然後果斷地說：「這你不用擔心。剩下幾集你聽令行事就是。」

「等等。」我說。「我先搞清楚。書面通知是有沒有？你能不能告訴我？」

「我聽說是口頭命令。assalamu alaikum和wa alaikum assalam在廣播、電影、電視或出版都不准用。」他說得漫不經心，像在陳述一件稀鬆平常的事。

「我們三十集都拍超過一半了。」我滿肚子火。「每一集都用到這兩句話，因為劇本是這樣寫的，也因為維吾爾人每天就是這樣打招呼的。現在不准我們用到底有什麼意義？」

「我明白，但能怎麼辦呢？」老闆換上威脅的口吻。「萬一電視劇因為這事被禁播，我損失的幾百萬人民幣誰來負責？」

「聽著，」我向他解釋：「電視劇表現生活，述說故事。中宣部假如想禁這些話，請他們先頒政策、下命令，把維吾爾人的日常生活用語給禁了。那我們電視電影也不必再用這些話。」

他哪裡能接受我這樣說，言詞隨之轉為直接威脅。「我把命令轉達給你了，你不聽，後果由你負責。」

「沒關係。」我回答。「我會繼續按劇本拍攝。要是真的得改，先拍完了，之後回烏魯木齊再一次把所有集數的對白都改過來。頂多用配音蓋掉演員的臺詞就好。」

他似乎覺得此法可行，語調緩和了點。「好。但說真的，這件事弄不好的話，我們會惹來麻煩的。」

我繼續按照劇本拍攝。十多天後，一名演員從烏魯木齊前來拍攝他的戲分。我們見面討論他的角色時，他告訴我禁用assalamu alaikum的命令已經撤銷了。

沒多久，我才聽說整件事的來龍去脈。烏魯木齊舉辦了全自治區劇展，有來自各地區的劇團前往演出話劇和音樂劇。自治區中宣部有一名漢族副部長參與審查表演，這名副部長觀賞伊犁歌舞劇團的演出時，似乎覺得assalamu alaikum和wa alaikum assalam這兩句問候語聽了扎耳，轉頭問身旁的維吾爾幹部這兩句話是什麼意思。幹部用中文說明，這兩句話的意思和維吾爾人常用的招呼語yaxshimusiz（你好嗎？）相同。副部長一聽馬上對幹部咆哮，說他知道yaxshimusiz。維吾爾幹部無語以對，副部長命令他馬上問清楚assalamu alaikum的意思。

於是幹部隨即致電給一名在政府工作的伊斯蘭教學者，問這句話的意思。學者表示那句話是阿拉伯語，是先知穆罕默德教給門徒的。全句原為assalamu alaikum wa rahmatullahi wa barakatuh，意思是「願真主賜予你平安、慈悲和祝福」。答覆問候的全句則是wa alaikum assalamu wa rahmatullahi wa barakatuh，意思是「願真主亦賜予你平安、慈悲和祝福」。學者又解釋，一般人通常只會用省略版的assalamu alaikum和wa alaikum assalam，意思是「願你平安。」

得知這兩句話源自宗教的問候語，副部長火冒三丈，口頭命令禁止任何媒體再用這兩句話，廣播、電影、電視、報紙和雜誌都包含在內。

但沒多久這道命令就因故撤銷了，我認為必定是公眾輿論力量使然。要一夕禁止一個民族珍惜千年的習俗和信仰沒這麼容易，我內心不無自大地想。

《喀什噶爾故事》進入最後拍攝階段，有一天午餐時間，燈光組幾個小夥子坐在我旁邊，圍著看其中一人拿在手上的手機。「這不就是我們才說到的名單？」他們當中一人急切地說。「來，讓我看看。」

「是啊。」手機主人回答。「名單裡是禁用的名字。賓拉登、薩達姆、海珊、阿拉法特……」

另一人打岔：「沒有哪個維吾爾人叫賓拉登或薩達姆吧，有嗎？」

「可能有人會拿來給孩子起名吧。」第三個人插話。「你也知道我們的人就愛跟風。」

「但我真的從沒聽過。」最開始說話的小夥子說。

這時，手機的主人已經把名單讀過一遍。我問他能不能傳給我，他毫不疑遲立刻發來。那份標題叫「禁用名字一覽」的文件由地方政府部門發布，文件上的小表格整齊列出十五個男子名和七個女子名。其中有一些如海珊、賽夫丁、阿伊莎、法諦瑪，是維吾爾人幾百年來廣用的名字。另一些像阿拉法特、穆尼薩等等，則是一九九〇年代才流行起來，至於同樣也在表上的薩達姆和古杜拉，在維吾爾人中十分少見。我更從來沒聽過哪一個維吾爾人把孩子取名為賓拉登。

文件雖然沒有說明這些名字被禁的理由，但任誰一眼都能看出來，這些名字是因為過度突顯「族群」或「信仰」被選上。政府把禁用這些名字當作反制鼓吹宗教極端主義的手段，這是個壞預兆。名字是最個人的資產，要是連名字都保不住，一個人還能盼望保住什麼？

一年半後，地區政府發布另一份維吾爾名字禁用清單。兩頁長的表單列出二十九個男女名字，除了一些源自宗教而十分常見的名字，例如穆哈麥德（與穆罕默德同音）、哈吉（與朝覲同音）、伊瑪姆（與伊瑪目同音）、伊斯蘭等等，某些帶有族群用字的名字也被禁止，如土爾克扎特和土爾克娜孜（Turkzat、Turkinaz，字首皆源於突厥族Turk）。

我有個朋友名叫買買提（Memet），是一家文藝雜誌社的編輯。他發表文章向來習慣用自己名字的阿拉伯文原型，穆哈麥德（Muhammad）。但這個名字被禁以後，他只能回去用買買提。其實買買提和穆哈麥德，只不過是同個名字的維吾爾語拼音和阿拉伯語拼音罷了。但如今這種區別卻能決定一個人是否為宗教極端主義者，誰一旦被政府當作極端主義分子，麻煩就沒完沒了。

另外有一位著名作家的筆名叫作圖蘭（Turan）。圖蘭指的是古代中亞，是突厥語族共同的故土，但這個名字現在也因「宣揚泛突厥主義思想」遭禁。該名作家火速放棄了他的筆名。

政府甚至還發布對地名的禁令。我的父母親來自喀什地區的伽師縣，小時候他們每次帶我回去探親，親戚總會帶我們去和夏瓦提鎮的巴扎吃飯。和夏瓦提鎮有個村叫斯拉木剋買（伊斯蘭船，Islam Boat），這個名字因為奇特，一直留在我的印象中。二〇一七年春，我從伽師縣的親戚處聽說，這個村已改名叫伊那克克買（團結船）村了。不遠外的克孜勒博依鎮有個哈拉勒（清真）村，也改名為古力巴格（花園）村。我聽說其他市鎮也有類似的地名更動，例如和田地區的洛浦縣，有個叫伊斯蘭阿瓦提的地方，現在就單叫阿瓦提而已。

那陣子前後，我到一間律師事務所辦事，在等候室拿起茶几上七月二十一日刊的《新疆日報》翻閱，一系列關於改名的公告吸引我的目光。

「我兒子出生時名叫阿拉法特·阿布里克木（身分號XXX）。即刻起將改名為巴合提亞爾·阿布里克木。」其中很有代表性的一篇公告這樣寫著，署名者是英吉沙縣某某鄉某某村的巴合提亞爾·阿布里克木。

另外有人公告他們把女兒穆斯麗瑪改名為瑪爾哈巴；還有一個人的女兒努爾伊斯拉木現在叫帕孜萊提；另一人則把自己的名字從阿巴貝克里改名為艾斯卡爾（阿拉伯語中的阿布·伯克爾，是穆罕默德的四大弟子之一）。

照理來說，要是有人遺失身分證或其他重要的身分證明文件，負責補發的政府部門會要求失主在地方報紙上刊登啟事，宣告遺失的證件從此無效作廢。當然，在報紙上刊登啟事的費用昂貴，但考慮到身分文件的重要，失主多半願意擔起代價。如今民眾自掏腰包刊登啟事上報，卻是配合政府禁令，宣告放棄自己的名字。

到了那年年底，民眾被強制要求棄用「真主」，改說「我主」。比方說，要是有誰想說維吾爾人道別時常用的問候語「我將你託付予真主」，必須改成令人尷尬的「我將你託付予我主」。如果想在社群媒體上悼念過世的名人，過往常用的「願他在天堂安息」也不能再用了，至多只能說「願他在美麗之地安息」。再也沒有維吾爾人敢說出assalamu alaikum和wa alaikum assalam。

這時我才明白，我早先的想法可真自以為是。

女子監獄

秋色混雜
沿路沾染我們的衣裳
身畔溪底泥床上
真主的涼泉流淌
帶瘡孔的樹葉在水中盤轉
一座圍起的大院經過我們的眼前
大門上的紅燈閃爍，使人想起撒旦
卡斯木江指著說
——那是女子監獄
其友肉孜阿洪嘻笑

——我不介意囚於全是女人的牢房
大地身軀碎裂成片
無數道路將其縫接
寒風率其親族
自山上下來
我不禁打了個寒顫

三　不速之客

我提前半小時抵達。一星期前，我們訂了宴會廳最大的包廂。包含作家、譯者、音樂家在內，連我共十六人報名出席我們二〇一六年的第一場詩人聚會。

我走進包廂時，詩人兼書商的艾力，正在和開商店的譯者阿勒瑪斯說笑。

「阿勒瑪斯師傅，我見你帶了兩顆西瓜。這大冬天的你感覺到暑意？」艾力指著阿勒瑪斯為聚會帶來的水果。

「是呀。」阿勒瑪斯回嘴。「黨的慈愛令我滿心溫暖。」我們都笑了。

其他賓客陸續來到。我們彼此都認識，招呼打得很熱絡，笑語間對話輕鬆。等大家差不多抵達後，我們都認識的一名詩人偕同兩位陌生人出現，介紹說他們也是詩人，聽聞今天的聚會也想參加。從在場眾人的表情可以看出來，沒有人認識那兩個人，似乎也沒人有印象在哪一本雜誌上見過他們的名字。那兩個無名詩人看起來有點尷尬。

當前的氣氛使然，維吾爾人在像這樣的聚會場合，愈來愈提防陌生的客人，深怕他們可能是政府的線人。但在維吾爾社會，文人的關係一般都很親近，彼此會互相鼓勵與尋求支持，與新作家打照面是常有的事。在短暫的尷尬和懷疑後，我們都打起精神來，延續方才的話題。

一年前，我起心動念，想偶爾舉辦一次維吾爾詩人的聚會。雖然政府的維穩措施不斷提高，逐步限制維吾爾人的集會自由，但把握僅存一點空間是值得的。聚會歡談、交流意見對詩人的創作靈感都有幫助。

我和小說家帕爾哈提·吐爾遜規劃了第一場聚會。我在微信朋友圈發出帖子，簡單宣布我們五月底會在烏魯木齊舉行詩聚，有意出席者可聯絡我。沒幾天就有二十多人主動報名，他們大多是住在烏魯木齊的詩人和譯者，但也有幾個人會從伊寧、吐魯番、庫爾勒過來。甚至有兩人計畫從喀什與和田等南疆地區，遠道一千五百公里專程赴會。

在烏魯木齊，大灣鄉是維吾爾族人口大宗的區域，那裡有一間我知道的茶肆，供應西餐和維吾爾料理，應該是理想的聚會地點。我們計畫在聚會上吃一頓午餐，由烏魯木齊的與會者買單，因為我們是東道主。以現在的局勢，純聚會不吃飯可能會引起在街上徘徊的社區居民委員會幹部關注。他們擔心我們假詩聚之名，行反政府集會之實，會立刻通報警察。萬一警察來了，就算沒出大事兒，肯定也會引來麻煩。但如果聚會用餐，我們就可以說只是在聚餐，順利的話可免於惹是生非。

會間，我們有四個人發表了關於詩歌的評論，其他人各自朗誦自己的詩作。飯席上談話熱絡，散會時每個人都備感振奮，答應之後應該繼續辦這活動。

兩個月後，我們在烏魯木齊近郊風光明媚的南山舉辦第二次詩聚。我們向哈薩克牧民租了一頂蒙古包，大夥兒二十多人在蒙古包內圍一張大桌巾而坐。討論完詩和文學，我們盡興地大啖羊肉湯、大盤雞、鹹奶茶、酸奶疙瘩和烤饢。山風清涼，濃紅茶入喉正是滋味。

今天是我們第三次詩聚。筵席開始前，我們散坐在各處閒聊，帕爾哈提走進包廂與每個人打過招呼後走向我，我看出他的焦慮不安。我用疑問的目光看他一眼，他低頭謹慎在我耳邊悄聲說話。

「我們有麻煩了。不該今天碰面的。」他焦躁地說。「我剛才進宴會廳院子，門前停了一輛警車。車裡坐了兩個混蛋盯著我瞧。」

「別太多疑。」我的語氣帶了點嘲弄。帕爾哈提這人本來就容易擔心過頭。「他們可能也和我們一樣是來吃喝的。」

帕爾哈提聽了沒再提這件事，但始終坐立不安。

雖然我覺得他的懷疑沒有根據，但萬一他是對的呢？似乎先做一些預防措施比較妥當。我喚阿勒瑪斯過來，請他在我們點的菜之外，再多叫兩瓶酒來。「你渴了啊？」他開玩笑說。我們這些聚會通常是不上酒的，阿勒瑪斯也知道我不貪杯。但萬一帕爾哈提的擔心是對的，警察進來盤查看到桌上有酒，證明我們不是虔誠穆斯林，疑心會少一些。政府寧可維吾爾人把時間耗在宴飲享樂上。

一九九〇年代中期，伊犁的維吾爾人為了對抗逐漸風行的酗酒、賭博和吸食海洛因惡習，開始復興傳統的麥西熱甫活動。在歌唱、舞蹈和其他娛樂活動外，麥西熱甫的參加者會以幽默的懲罰方式嘲弄惡習，透過談論天堂和地獄構成社會壓力，引導年輕人改過向善。但地方政府禁止了麥西熱甫，聲稱那會鼓勵宗教極端主義。

維吾爾青年並未因此卻步，他們組織了足球隊，希望透過運動倡行健康生活。但政府又一次禁止他們繼續下去，並暴力鎮壓抗議。

在今晚的詩聚上，我們希望桌上這兩瓶酒能如同神奇法寶，把我們變身為政府樂見的那種維吾爾人，只管享樂，不會惹事。

就在我們開桌動筷時，服務生端著一壺茶走進來。「大哥，您們哪一位是主人？」她看向我這個方向，想必感覺到我是活動主召。

「有什麼事？」

「外頭有兩位客人找您。」她答得有些猶豫。

「請他們進來。」我沒有多想直接說。

她往門口看了看。「他們說請主人在外面見。」

當下我才意識到帕爾哈提懷疑得沒錯。這會兒所有人都明白等在門外的是警察，包廂內頓時一片靜默。

「我去吧。」出聲的詩人是一名帥氣小夥子，他在北京住過幾年，是個音樂家兼歌手。我們老形容他八面玲瓏。他是能妥善應對這種狀況的人。

「好吧，去看看。」我說。

他離開包廂。我轉頭對我知道喜好杯中物的一名詩人打了個手勢，讓他開瓶倒酒。

「吃吧，咱們開動。」我對全桌的人說。我們不能露出緊張的樣子，聚餐繼續下去。

過了五分鐘左右，我們的朋友從外面回到包廂，身旁多了兩名便衣警察。看樣子即使他向警察解釋聚會緣由，警察還是想自己來看看。用餐停了下來。

「來呀，請坐。」我以手勢邀請他們到桌邊來。

「不用。」其中一人高傲地回答。

「這是什麼集會？」另一人問

「詩人的聚會。」我解釋說。「在座的都是詩人，我們經常像這樣聚會，吃吃飯、喝喝酒、讀讀詩。如此而已。」我特意強調最後那四個字。

他們沒說話，只是仔細瞧我們，看完一個接著下一個，像要把我們牢牢印在記憶裡。我們無語回望他們。兩名警察看夠以後，不發一語轉過身走向門口。

「兩位先別走，喝一杯吧。」剛才打開酒瓶的詩人大聲說道。

「不用。」警察回答的聲調和方才如出一轍。警察走出了包廂，他們的行為給我的印象既駭人又滑稽。我看了看身旁的帕爾哈提，他臉色慘白。

我們用完餐點，活動開始。簡短開場後，我請帕爾哈提先說話。他申明他會談論詩中的文字、意象與象徵之間的區別，接著開始短講。以前總是滿懷熱忱投入聚會活動的帕爾哈提，今天垮著肩膀，像個洩了氣的汽球。他照常演講，但心思不在講題上。老實說，我也沒能專心聽他說話。我心裡揣度著今天的聚會怎麼會引來警方關注？

兩星期前，我和其他幾名詩人在艾力的書店計畫活動。我提議將活動辦在二月六日星期六。但艾力提醒說，二月九日是古代詩人艾里西爾·納瓦依的五百七十五歲冥誕，也是愛國詩人阿布杜哈力克·維吾爾一百一十五歲冥誕，把聚會安排在那天豈不是更有意義。他這個提議很有道理，我們都同意了，於是我在微信朋友圈發出簡短公告。

看來就是這則公告把今天的警察引來的。他們擔心的大概不是詩聚本身，而是一場紀念兩位知名詩人的聚會，可能演變成一場反政府活動，或至少是政府不喜歡的活動。

艾里西爾・納瓦依生活於十五世紀，被公認是維吾爾古典文學史上最重要的詩人。尤其他在當時多使用波斯語的中亞高雅文化中，力倡使用現代維吾爾語的先祖察合台語，而因此得名。阿布杜哈力克・維吾爾是二十世紀初維吾爾教育改革運動的一員，他透過自己的詩號召維吾爾民族覺醒和解放。（他就是為了這個理由，選擇以維吾爾當作筆名。）但他也因此在一九三三年遭中國地方軍閥處死。這兩名詩人的作品直到最近都出版發行無礙，甚至一直是官方紀念的對象，如今風向似乎轉了彎。

警察不速來訪我們的詩聚，讓我想到一年前在托克遜縣發生的事件。那時有一所地方中學舉辦語言教育研討會，共有五十多名維吾爾學校教師參加。研討會結束後，與會者在附近一座果園野餐聚會。按照傳統，幾名資深教師受邀講話。其中有位經歷豐富的中文教師，曾獲提名為全國模範教育家，他提到維吾爾語在教育體制中日漸式微，並微詞了幾句。幾天後，參與野餐的教師全數遭到拘留審問，最終幾乎所有人都被懲處，發言的那名資深教師被判刑七年。

當然，顧慮到政治氣氛之惡，我們都很小心，在詩聚上不會提到任何可能觸動政府敏感神經的話題。我雖然在公告中提到艾里西爾．納瓦依和阿布杜哈力克．維吾爾這兩名詩人，但聚會中的活動與他們並無關係。我們單純覺得讓聚會日期與他們的誕辰重合，是一種紀念他們的方式。

現在輪到我發言了。我開始朗誦最近的詩作《路》。

願有那麼一個人熬過寒冬
願他在口袋中裝滿雨水
走到一農人身邊
在田裡撒播春風的種子
並願他對農人說：「我來了」
回程願他向七戶人求得棉花
夾在指尖讓我瞧見……

就在我快念完第一節的時候，服務生回到包廂來。我愈念愈小聲，直到停下。服務生顯得很侷促不安，但仍禮貌詢問：「我很抱歉，但警察要求各位拿出身分證，他們要做登記。」

近來維吾爾人出門沒有人敢不帶身分證的。我們都從口袋掏出證。服務生以無比專業的態度把所有證件集中在一個托盤上，走出了包廂。

心情全沒了。但我還是迅速接著把詩從頭再朗誦一遍。不久，服務生回來把證件還給我們。

詩聚按照排程繼續進行。備妥演講的人發表演講，作詩的人朗誦自己的詩。我們認識那兩名陌生詩人後，才知道稍早的擔憂沒必要。但活動已經籠罩一層陰鬱的氣氛。

「警察走了嗎？」我趁服務生倒茶時問她。

「還沒。他們在隔壁包廂吃菜下酒。」

「他們一共多少人？」

「七、八個。」

眾人吃了一驚。我們以為只有兩名警察在觀察我們的聚會。為了讓警察和我們自己都安心一些，「八面玲瓏」的那位詩人朋友走到警察包廂，和他們喝喝酒、開了一會兒玩笑，表演了幾首歌。

詩聚結束後，我們拍了幾張合照，就逐一散會了。

我和帕爾哈提留下來結帳最後走。出了宴會廳來到庭院，帕爾哈提壓低嗓音，憂心忡忡對我說：「塔依爾，我們以後別再辦聚會了。」

「就是。」我不甘願地苦笑回答。「或許我們再也不辦了。」

之後，我們並肩離開，沒再說一句話。二月的寒風從黑暗的角落吹來，刺痛我們的臉。

四　書商艾力

我坐在辦公室電腦前，感覺頭陣陣痛起來，決定去艾力的書店串串門子。

二〇一六年，烏魯木齊的冬天提前降臨。才十一月初，雪就下得凶猛，氣溫驟降，路上覆著一層薄薄的冰，行人小心翼翼地邁出腳步，就怕滑倒。

我向東走上團結路，往老陶瓷廠走去。艾利的書店就開在這條路上，我常順道去找他聊聊天。其他朋友和熟人也會來走走，大家每次的談話總是生動歡快。

艾力是個詩人，我們辦了三次詩聚，他都積極參與。他生長在南疆農村，二〇〇〇年代初期從新疆大學畢業，拿到維吾爾文學學位，畢業後就留在烏魯木齊。他做過幾種差事，沒一個做得久。沒工作那陣子，聽說他幫忙幾個研究者當槍手，靠他們提供的微薄報酬過活。

因為他蓄長髮、貪杯愛喝，又一派無憂無慮、心不在焉的個性，朋友們都戲稱艾力是「聖人」。儘管他守寡的母親強烈希望兒子娶妻，但艾力到了將近四十歲都還是單身。

終於，在一群朋友資助下，兩年前艾力開了這間書店。我捐了十多本我的著作《西方現代主義文學流派》給他做為支持。艾力對那本書再熟不過。

那是第一本用維吾爾語系統化介紹西方現代主義文學的書。書出版於二〇〇〇年一月，那一天烏魯木齊天氣嚴寒，我帶著一個朋友到市郊的小印刷廠，把三千本印刷本搬上小貨車。我們花了一整天才把書全部運回我朋友家濕悶的地下室。以前我都不知道書可以這麼重。

我還在想要怎麼賣這些書，艾力和另一個新疆大學文學系的學生就找上我，問我是否願意到大學辦一場新書講座。雖然從一九九〇年代起，已經有許多關於西方現代主義的書在中國出版，但對維吾爾人來說這本書很新鮮。根據艾力和他朋友說，學校裡有不少懷抱文學熱情的學生期待這本書出版。我欣然答應他們的邀請。

我的講題和政治無關。但校方規定學生須提出教授簽准的申請書，經行政辦公室授權才能聽我演講。而校內相關辦公室也會先對我的演講內容進行政治審查，才會准許我演講。應付這些繁文縟節會花一點時間，更何況像我這樣的詩人，一個體制外的人，主講的座談不太可能被批准。顧及這些因素，同學乾脆選擇不知會校方，私下安排我在同學用於晚自習的一間教室演講。

我應邀帶了二十本書前往，在演講前簽名販售。接著就西方現代主義文學這個題目發表演說。艾力是演說後第一個發問的人。講座結束後，他還帶著好幾個同學送我到校門口。

那之後，艾力和我不時會見面聊聊文學、蘇菲主義哲學、維吾爾歷史、伊斯蘭教和其他當代維吾爾社會的話題。艾力是個口才絕佳的演說者，他通曉各式各樣的故事，他的朋友都愛聽他講故事，無論是史書未記載的軼事，或我們沒聽過的古代名人奇聞。這些故事被他一說都饒富說服力，彷彿他實際走訪過現場。他的詩也是，充滿精彩典故和歷史人物。

艾力的書店開張後，我們都很樂見他終於有個收入規律的活兒了。不過因為他作風素來隨興，常常睡到中午才姍姍開店營業，有幾次晚上甚至沒鎖店門就回家了。有些時候，他也會拉下店門，沒留下隻字片語就一連幾天消失無蹤。因為他沒有固定的手機號碼，想聯絡上他常常只能碰運氣。

這一天我到書店找他，個子矮的艾力踩在板凳上，正在整理架上的書。新書的氣味充盈鼻孔，我很喜歡這個味道，它喚起我第一天上學的遙遠回憶。那時我總會翻遍每一本新課本，深深吸著油墨的香味。

艾力熱情招呼我，邀請我進店裡坐。書店的店面雖小，但因為書不多，空間感覺很開闊。

「我還擔心我來的時候你不在。」我說。

「我在呀，大哥。」他裝出尊崇的語氣。「不然我還會在哪裡？」

「聽說上星期你又沒關店就跑了。店門開著一整晚，應該沒被偷吧？」

「拜託，大哥，誰會偷書呢。要是真讓我遇見誰想偷書，我會免費送他一本，再請他好好吃一碗拌麵。再說現在時局緊張，到處是警察，政府把市民都變成警察了，哪還有小偷的事？現在肯定沒有小偷了。」他言之鑿鑿做出結論，我聽了大笑。我就喜歡他這樣說話。

「最近生意怎麼樣？」我問。

「不太好。再繼續這樣下去我恐怕付不出房租，只能關店大吉了。」

「你每天睡到中午，下午才開店，又老是一連幾天不開，生意當然不好。」我故意激他。

「問題不在這裡，大哥。」他說。「最大的問題是政治局勢，維吾爾出版業風雨飄搖。最近有傳聞說，很多歷史小說都被禁了。你一定也知道，歷史小說在維吾爾市場向來賣得比其他文類好。但近兩個月來，像《足跡》和《故鄉—母親》這些書，出版社都不願意賣給我們了。看來傳言是真的。」

＊

那一年底，我出版了我的第一本詩集《距離與其他》。我找到一家不貴的印刷社，自掏腰包付印了三千冊。幾個月後書終於送來，我們在艾力的書店舉辦簽書會。

我十六歲就開始寫詩，卻從不是個多產的詩人。我對寫作奉獻不足，而且我的詩風不循常規，與維吾爾詩壇主流的形式主義風格愈行愈遠，要找到願意出版的人也愈來愈難。或許這也澆熄我寫詩的熱忱。陷於這種瓶頸的詩人並不只有我一個。

我本來沒有打算在這個節骨眼上出版詩集。沒有哪一家出版社會出資印行我的作品，這代表我只能自費出版，但每況愈下的政治氛圍刺激我行動。事情再這樣發展下去，再過不久就連出版維吾爾語書籍都難了。我應該趁還來得及把詩集印出來。累積這麼多年的寫作現在終於要出版成集了，我希望做到盡善盡美——不用說，這是一個昂貴的提議。

當前的政治局勢讓我格外小心。謠言四起，據說許多書被查出「問題」，恐懼在與我相仿的作者心中滋長。維吾爾作家長年來在國家的審查下寫作，通常比黨的審查員還更警惕、更敏感。話雖如此，決定作品有沒有問題的是國家，而審查標準也愈來愈緊縮。要是出版審查的標準有變，先前出版的書不符合現在新的標準，那作者肯定會倒楣了。

因此在詩集出版前，我仔細篩選所有詩。有幾首被我直接剔除。另外一首我刪去「未見過的祖國你無從想像」這一行，還有一首則把「我母親並非異教徒」改成「我母親並非沒有信仰」。

詩集一印成，艾力便投入大量心力協助我銷售，他對待我之前的書也是這樣。在他的店裡舉辦簽書會一星期後，我們倆決定去自治區新華書店，看看這本書會不會上架。新華書店是中國最大的國有連鎖書店，在各省區都有分店。雖然新華書店對於私人出版書籍付款慢且吝嗇，但如果它的分店能經銷我一兩千本書，那可是一件大事。

我和艾力前往市區北部新華書店的少數民族語言書籍配銷中心。艾力自己也在書店業做事，和那裡的職員很熟。

我們到的時候，所有人員正在開會，於是我們在會議廳外頭站著等。我能聽到中心主任艾爾肯在說中文，我認識他一陣子了。二〇〇一年，我自費出版《西方現代主義文學流派》後去找艾爾肯，希望他幫助配銷。當時他是自治區新華書店維吾爾語的配銷主任，他翻了翻我帶去的書，嘀咕說：「一大堆冗言贅語！」最後同意在店內配銷五百冊。他聲音尖細，是個急躁的人。

此刻我就是從聲音認出他。他用沮喪的語氣說，他在書籍配銷這一行做了三十年，從沒遇過現在這種情況。

「他在說歷史小說被禁的事。」艾力了然於心，悄聲在我耳邊說。

二〇〇九年烏魯木齊事件後，自治區政府發起「回頭看工程」。黨委宣傳部籌組特別委員會，回顧一九八〇年代以來的維吾爾語書籍、報紙、雜誌、電影、電視和廣播，任務是找出任何含有民族分離主題或宗教極端主義的內容。

「回頭看工程」開始兩年後，我意外接到尼加提的電話，他是我認識的一位攝影師，在一家知名的維吾爾文美術雜誌當編輯。我在二〇〇七年認識尼加提，當時我在喀什地區執導維吾爾人慶祝古爾邦節的紀錄片，是政府委託攝製維吾爾族非物質文化遺產系列紀錄片的其中一支。影片跟隨一名攝影師記錄喀什舉行的慶典，尼加提就是那名攝影師。

尼加提有個朋友被指派參與「回頭看工程」。他審查過去發行的電影，在古爾邦節的紀錄片看到尼加提，於是把情形告訴他。尼加提擔心我的安危，打電話來確認我沒事。

我謝過尼加提，跟他說到目前還沒遇上什麼事。但聽到政府現在連自己單位委製、經自己的審查員許可發行的影片都開始審查，我頓時起了雞皮疙瘩。

幾年後，這波審查釀成的一個結果，是有六名維吾爾知識分子和政府官員因為修編一到十一年級的維吾爾語文課本被捕。這些課本早在學校使用十多年了，到二〇一六年才被指出「有問題」。既然有六人因此被捕，顯見問題相當嚴重。

傳言說，幾乎所有維吾爾歷史小說都被查出類似「問題」，很快就會被禁。甚至連賽福鼎・艾則孜寫的暢銷歷史小說，都被政府給禁了。賽福鼎是中國共產黨史上位階最高的維吾爾族官員，就連這麼受信賴的黨內老臣的作品都能被禁，其他維吾爾作家的未來無疑凶多吉少。

「塔依爾大哥，你好沉默。」艾力推了推我，把我從沉思中驚醒。「我在聽艾爾肯說話。」我回過神來回答他。

會議室傳來艾爾肯細尖的聲音。他正在勸告配銷中心所有職員不要理會傳聞，盡忠職守，要相信所有問題都會獲得妥善處理。

會議結束後，我們找上目前的配銷主任卡迪爾，說明來意。「詩集不好賣呀，你最好自己看著辦。」他無禮地回答。「即便我答應代銷你的書，要是地方新華書店的經理們不向我們採購，放在這裡的倉庫照樣會生灰塵。」

沒什麼好說的了。我們消沉地走出配銷中心。雖然早知道會有這樣的結果，但至少我們試過了。

回家路上艾力跟我說，北京的民族出版社最近出版知名的詩人阿迪力・吐尼亞孜和霍加買買提・穆哈麥提的詩集後，才發現新疆維吾爾自治區新聞出版署不准予發行。民族出版社的維吾爾語部主任很生氣。「我們是中央層級的出版社。你怎麼麼能不允許我們的書在新疆銷售？」

「你這樣說，你們的書就在北京慢慢賣吧。」新聞出版署的漢族領導回答。「在新疆，我們說了算！」

「漢族官員以前是不能那樣說話的。」艾力沉著臉說。「事情一定很不妙。」

一般來說，政府查禁已經出版的書是很少見的。一來因為能出版的書都已經過層層政治審查，二來是因為政府如果明文公告禁書，那本書會瞬間出名，所有人都會想盡辦法弄一本來。完全沒聽過那本書的人也會忽然間有興趣一讀。一旦這些書在地下流通，反而會吸引更多讀者。因此政府多半不願意禁行已經出版的書，寧可悄悄封鎖販售，或讓書從書店架上消失。

一九九〇年代初，政府禁了詩人兼歷史學者吐爾貢．阿勒瑪斯的《維吾爾人》、《匈奴簡史》和《維吾爾古文學》三本著作。審查委員表示這些書「試圖確立維吾爾族民族主義意識形態，提倡民族分離主義」，隨後公開批判這幾本書的行動在維吾爾自治區內展開。很多之前沒讀過、甚至不曾想過要讀的維吾爾知識分子，一夕之間紛紛向政府提出嘲諷的要求。「先提供這三本書給我們，我們細細讀過了才能更有效地批判。」當然大家都知道，黨怎麼可能這樣做。黨只會強制民眾閱讀、記誦他們準備好的批判內容。

那陣子，我一位在喀什師範學院學體育教育的朋友向我轉述一個故事。有一天，校內的夏季露天戲院舉行了「反對民族分離主義暨三書批鬥大會」，校內維吾爾族行政人員在臺上就座，校長開始大聲誦讀自治區宣傳部發下的批判材料。

依照安排，校長一誦讀完材料，學院宣傳處的一名幹部就會喊：「打倒民族分離主義分子！」集會的會程呼籲同學跟著喊：「打倒他們！」但臺下的學生沒料到這種場面，他們只在電影裡見過呼口號。起初誰也沒跟著幹部喊。

「跟我喊！」幹部高呼。「打倒民族分離主義分子！」這回有幾個學生跟著喊了。但從體育教育學生的座位區，也大聲傳來一個不同的聲音：「哞！」

沒人知道那究竟是誰喊的。臺下學生開始竊竊私語，也有人笑出來。

幹部看到還是有些學生沒跟著他喊，又更抬高音量試了第三遍：「打倒民族分離主義分子！」這一次，所有同學齊聲喊了：「哞——！」

幹部一頭霧水地又喊：「民族團結萬歲！」這一次，同學們吶喊得更加大聲：「哞——！」

校長見狀，氣得從座位上起身。「你們是誰在哞哞叫？」他罵道。「給我起立！」所有學生都低著頭，坐著不發一語。校長氣得火冒三丈，惡狠狠瞪了學生一會兒，之後宣布大會解散。

我朋友說完故事，語帶得意地告訴我：「那一天我們心情真的輕鬆很多。」接著他沉默半晌，然後悲哀地說了一句：「我發現我有時候會想，當隻牛也許還比當個維吾爾人快樂。」

五　紅臂章

我推開阿勒瑪斯的便利商店大門，店裡沒有顧客。阿勒瑪斯陷在椅子裡，正在看書。他的左手臂套著一個紅臂章，用黃色中文字體繡著「保安」兩字。此情此景，令人聯想起文革期間紅衛兵捧讀毛主席語錄的模樣。

「恭喜獲頒臂章！」我故意笑他。

「謝了！我戴起來帥嗎？」他淘氣一笑。

「這很新呢。所以黨現在四處派發了？」

「是在派發，但可不是免費的。」他嘻嘻笑道。「這條臂章二十元，警棍三十元、哨子十元。白白花了六十元。」

立在門後的警棍約一百二十公分長，從握柄往末端由細逐漸變寬，看上去就是工廠量產的。警棍旁一根牆壁的釘子上，掛著一個繫紅繩的黃色塑膠口哨。

「這些東西，每家店老闆都規定要買？」

「是啊。」他搔了搔頭說。「每家商店一定要備妥這些東西。居委會發了公告，商店只要開門營業，至少要有一名店員配戴臂章坐守店裡。要是被他們逮到沒戴，他們會強迫店家關店封門。店家必須要去居委會付了罰款、寫了保證書才能拆掉封條。你們公司還沒被要求這麼做嗎？」

「沒有，他們還沒要求我們。」

「看來這條政策只針對街邊商店。」阿勒瑪斯把讀到一半的書頁折了一角，闔上手中的書。

我想說點什麼安慰他。「他們也沒放過我們。像在我們的辦公樓，他們時不時就要我們下樓到街上去，實施聯合反恐操演。」

「我最近沒去艾力的書店。」阿勒瑪斯的語氣透出一點嘲諷。「但我聽說他也坐在店裡，門後立著警棍，牆上掛著哨子，手臂上套著紅臂章。我猜臂章和他的長髮鐵定很搭。我等不及親眼瞧瞧了。」

「嘴別那麼毒。我們最近的樣子都很荒唐。」

從二〇一六年秋天開始，新疆維吾爾自治區全境，包括首府烏魯木齊在內，展開新的

「維穩」措施。其中之一就是動員私營企業的市民組成「防禦暴恐分子聯合陣線」。陣線的人力來自烏魯木齊維吾爾族聚居區的路邊商店和辦公大樓。

我也是在不久前的某一天才第一次注意到，路上商店老闆都別上了臂章。接近中午時，瑪爾哈巴要我去公寓小區前面的維吾爾肉店買點羊肉。我走進店裡，就看見肉店老闆配戴和阿勒瑪斯一模一樣的臂章，忙著分切一頭剛宰殺後還掛在鉤子上的小羊。但比起臂章更讓我驚訝的是，他的刀被一條一米長的鐵鍊拴在桿子上，鐵鍊短到老闆很難自由動作，分切工作因此做得很笨拙。我看到他的小切肉斧也同樣被鍊在切肉臺上。

從十月起，居委會就下令所有餐廳和肉鋪必須把菜刀、切肉刀、斧子和其他利刃栓在固定物上。就連一般家庭現在想買刀具，也必須登記身分證。傳言在某些地區，顧客買刀還得在刀身鐫刻上自己的身分證號。這些措施用意，很顯然是要防止暴恐分子持刀武裝攻擊。從政府角度來看，屠夫是潛藏的威脅。而今，屠夫也繫上紅臂章加入反恐陣線。

阿勒瑪斯跟我說，他家那裡的居委會以街邊十個商店為一組，分別指派一個相對活躍的店主當組長，接著要求每個小組不定時實施反應快速的反恐操演。每一次操演都開始得毫無預警，分派到該區域的居委會幹部會指示組長吹哨，組內其他店主一聽見哨音，就要立刻拿起警棍到指定地點集合。集合地依幹部指示而定，這些店主有時會來回巡邏，在街上搜索恐怖分子；有時則對空揮舞警棍，練習擊打恐怖分子。一開始有人對這些無意義的踩街和對空揮棒很不耐煩，有人會忍不住笑出來，但居委會幹部會反覆責罵警告他們，到後來大家都漸漸習慣了。

「不是組長的人，拿哨子做什麼？」我問。

「如果有暴恐分子滋事，店家有義務立刻吹哨。其他店家聽到就要帶著警棍，聚集到吹哨的店前，組成防禦線對抗暴恐分子，等特警趕到。」

「既然每個人幾乎都被動員來維穩了，哪裡來的暴恐分子？」

「是啊，這又只是一陣風。」阿勒瑪斯了然於心地說。「刮一陣子就會過去。」

阿勒瑪斯勤於寫詩，也有自己的獨特詩風。但他最大的成就在翻譯，迄今他把多部西方哲學著作從中文譯為維吾爾語，其中有兩部出版成書。只有翻譯過哲學文本的人知道這是多麼艱鉅的任務，阿勒瑪斯的譯作在維吾爾學術界備受重視。

但他在財務上一直困難重重。從喀什師範學院維吾爾文學系畢業後，他在烏魯木齊一家維吾爾語雜誌當過編輯，並認識一名年輕漂亮又愛文學的高中老師，兩人在二〇〇七年夏天結婚。

阿勒瑪斯告訴我，結婚兩年後，他曾經請一位在挪威的朋友寄邀請信給他，好讓他可以中辦護照，出國讀書。中國政府對想取得護照的維吾爾人設下重重阻礙，第一關就是要求他們必須取得來自另一個國家的正式邀請信。

阿勒瑪斯還沒機會申請護照，反而先被兩名維吾爾警察在夜半突然造訪，他們就是大約同一時期審訊我的那兩個人，阿克巴爾和助手米吉提。他們同樣把阿勒瑪斯帶往天山區公安分局，訊問他到天亮。他們特別關心他與該名挪威友人是什麼關係，在海外還有哪些熟人。阿勒瑪斯配合且恭敬地回答了每個問題。阿克巴爾和米吉提整理出鉅細靡遺的訊問報告後，警告阿勒瑪斯暫且擱下護照申請的事。第二天一早，他們將他釋放，但走之前要求他保持聯絡，定期要與他們碰面聊聊。阿勒瑪斯只盼望訊問趕快結束，於是便答應了。

往後兩個月，阿克巴爾和米吉提不斷打電話給阿勒瑪斯要求會面。阿勒瑪斯雖然壓根兒不想見他們，但又不敢拒絕，覺得除了赴約以外別無選擇。聽阿勒瑪斯說，那幾次見面並未演變成特殊的問話，他們只是一邊吃飯一邊天南地北瞎扯淡；有幾次吃飯，兩名警察還堅持一起喝一杯。可想而知，這幾頓飯全都由阿勒瑪斯買單。

阿勒瑪斯的薪水本來就不高，他太太又剛生下女兒，暫時沒有工作。反覆招待警察吃這些無意義的飯對他的財務形成壓力。他太太為此經常抱怨，阿勒瑪斯自己也受夠警察無恥的行為。終於，在又一次接到阿克巴爾電話時，他就像我對米吉提一樣，對著電話怒道：「我要是有罪，就把我抓了關起來。不然別再來煩我！」在那之後，阿勒瑪斯再也沒接到電話。

但沒多久一件怪事就發生了。阿勒瑪斯的雜誌社上司向他表示要裁員，不由分說把他給炒了。阿勒瑪斯雖然沒證據，但他堅信這肯定和警察有關。但就算能證明也改變不了什麼，他們一家的經濟又更加拮据了。

後來，阿勒瑪斯舉家搬到大灣區我家附近的公寓小區，經過一年多努力，他在自家公寓前的路上租下一間店面，稍微裝潢後開了一間便利商店，販賣各式日用雜貨。隔年，隨著烏魯木齊的政治氣氛日益緊繃，阿勒馬斯被迫成為反恐聯合防禦陣線的一員。

後來阿勒瑪斯認為很快會如風消散的行動繼續蓄積能量，增強成風暴，勢將吞噬一切。

團結路

夜晚為紅血的人降臨，
也為黑血的人降臨。
天為善忘的人破曉，
也為記恨的人破曉。

他從新鮮的葬禮匆忙回來，
在風中洗去臉上的死亡，
然後，
從堅貞的東方到無常的西方，
從悲傷的高峰到喜悅的低谷，

從熟悉的邊緣到陌生的中央，
他邁著沉淪之人的步伐走遠。

六　透過車窗

瑪爾哈巴打來時，我剛講完每周一次在新疆藝術學院的電影導演課。她跟我說，我們的朋友迪里拜爾從喀什剛抵達，她正要去藝術學院正門與她碰面。

迪里拜爾是喀什市一間知名飯店的前臺經理。我們的劇組在拍攝電視劇《喀什噶爾故事》期間，在那裡待了兩個月。瑪爾哈巴從烏魯木齊來探班的兩個星期，在我們外出拍攝時和迪里拜爾時相往來。迪里拜爾唯一的兒子在新疆藝術學院讀表演，我正好是學院的客座教授。我們經常與迪里拜爾聊天，也一起吃過幾頓飯，等我們離開喀什的時候，彼此已經很熟。

瑪爾哈巴在電話上跟我說，迪里拜爾的兒子在學校宿舍飲酒，還尋釁打架，學院威脅以違反行為守則為由勒令他退學。迪里拜爾連忙趕到烏魯木齊為兒子求情，懇求校方讓他繼續完成學業。

我來到正門，看到迪里拜爾一個人站著。我和她寒暄一會兒，瑪爾哈巴也到了。我們還沒開始敘舊，迪里拜爾就先掉下眼淚。我們以為她是為了兒子的事哭，想了些話要安慰她。但迪里拜爾擔心的不只是她兒子，她向我們說明喀什市這幾天發生的事。

大規模逮捕在喀什地區展開了。逮捕浪潮之盛，讓市內既有的拘留設施——派出所看守所、監獄、收容中心、勞教所和藥物勒戒所——很快就滿載了。不到幾天，許多學校、政府機構甚至醫院都倉促裝上鐵門、鐵窗、鐵絲網圍欄，被改造成「教培中心」。有傳聞說市區外正在大興土木，趕建多所新的「教培中心」，每座可容納數萬人。恐懼四處瀰漫，很多人說審判日降臨了。

聽迪里拜爾說，這些逮捕主要針對虔敬的信仰者。除此之外，凡是出過國的維吾爾人，無論是什麼原因出國都不會被放過。就在上個春天，迪里拜爾工作飯店的維吾爾老闆請二十多名表現優秀的員工赴杜拜旅遊一星期，迪里拜爾也在其中。這些員工接待外國賓客多年，卻從未有機會出國，這趟員工旅遊對他們來說既驚奇又興奮，然而現在似乎也為他們帶來災禍。迪里拜爾昨天才飛抵烏魯木齊，今早就接到喀什當地派出所的電話，命她馬上回去。她打算先處理好兒子的事，明天上午再回去。看得出來她很害怕一回去就被送去「學習」。

我們邀迪里拜爾一起吃午飯，但她沒胃口。「下回吧。」她悲淒地說。但誰也不知道下回是什麼時候，或者還有沒有下回。

我和瑪爾哈巴向迪里拜爾告別。我剛發動車子，瑪爾哈巴已經刻不容緩打給住在喀什的我母親，問她是否安好。母親安慰說在喀什的親戚都平安，至少目前還是。

這之後，我開始密切關注大規模逮捕的發展。那是二〇一七年三月中旬。

三天後的周五下午，我在辦公室工作，忽然接到老友來電，二十年前他和我同在喀什的勞教所接受「教育」。交換近況後，他說他住的和田地區，當年和我們同營的另一些人這幾天一個接一個被捕。他猜很快也要輪到他了，所以擔心我的安危。聽到我目前沒事，他鬆了一口氣。我感謝他的關心，好言好語說了些話安慰他。對話結束前，他壓低聲音說：「好吧，就這樣了。我把你交託給真主。」他這一句雖然是維吾爾人說再見常用的話，我聽來卻覺得更像最後的道別。

過幾天我再打給他，他的手機沒開。那一星期我打給他好幾次，但他的手機始終關機。我撥給三位住在和田的共同好友打聽他的近況，他們的手機也都關機。

和田這個距離烏魯木齊一千五百公里的地方，忽然間變得更遙遠了。我心中閃過一種異樣感受，彷彿那裡已無半個生靈。我心想要是再繼續這樣下去，輪到我去接受「教育」的一天很快也會到來。

＊

我第一次見到維吾爾人被以美其名為「再教育」的名義遭強迫拘留，是在二〇一五年。那年五月下旬，我開車去吐魯番處理些事。第二天，那裡一個詩人朋友邀我吃飯，要我在吐魯番市區東北部新建的人力資源與社會服務局大院前等他。我開車過去。

短短幾年前，這一帶還是滿布礫石的曠野。現在這裡不僅建起幾棟市政部門大樓，也蓋了一些住宅社區。

我找到朋友給的地址，那是一座被兩棟辦公大樓左右包夾的大院落。我們在院落入口碰面。入口大門上了閂，一旁警衛室裡坐著兩名維吾爾男子，一個穿警察制服，另一個著便服。

「我來這裡探望我哥。我只是要送些東西進去給他。」我朋友舉了舉手上提的大塑膠袋，看來裝了衣物和個人衛生用品。「頂多一分鐘，你在車上等吧。」他對我說。

我朋友對警衛說了些話，然後在訪客名簿上登記姓名。警衛打開我朋友的袋子，仔細翻查裡面的東西，然後放到一邊以待交給他哥哥。我朋友坐回我的車，我們開車前往餐廳。

據我朋友說，郊外那些辦公大樓建起以後，原先在市中心的部門還來不及遷過去，新大樓已經先設立了「教培中心」。吐魯番地區的四個鄉裡，所有受過宗教教育的維吾爾人都被送到中心接受六十天再教育。院區內的飲食和住宿由政府提供，除非特殊情況，否則不得外出。我朋友的哥哥是個質樸的農人，只因為年輕時有一段時間受過宗教教育，最近也被送入中心。

我問我朋友，當局是怎麼判斷一間教培中心的「結訓生」已經充分改造了。聽他說，各村的治安主任會密切觀察結訓生，評估他們的改造程度。他們有個鄰居結束在中心的「培訓」後，因事去了一趟鄰村，在村裡的清真寺做了星期五主麻日禮拜。負責監督該清真寺的幹部立刻通知那個人的村治安主任，說他去了非戶籍登記地的清真寺。那個鄰居被送進更嚴格的「培訓中心」，位於市派出所的看守所內。

＊

兩年前吐魯番地區建造「教培中心」，肯定是為了現在喀什、和田與南疆其他區域的更大規模工程進行試營運。也許因為這樣，大家才會樂觀地誤以為拘捕頂多持續幾個月。但政府的姿態逐漸明朗，這場行動沒那麼簡單。

雖然大規模逮捕在烏魯木齊尚未發生，有些人也預測烏魯木齊的自治區首府地位能防止這種事發生，但在南疆擴展的逮捕行動也開始影響到烏魯木齊的生活。

首先感受到變化的是這幾十年來從家鄉移居首府、成家立業買房，逐漸自視為烏魯木齊居民的無數名維吾爾人。如今他們一個個被戶籍登記地的派出所傳喚回家鄉。在我住的大灣區，每個路口的烤饢鋪子都被封上木板，水果小販推車從街上消失，帶給街坊生命力的熙攘人群也漸漸變少。

大約此時，瑪爾哈巴看出我們平日活潑的大女兒阿斯娜，這陣子放學回到家都無精打采，一回家就躲進房間，在裡頭沉默待上很久。瑪爾哈巴對女兒的一丁點變化都很警覺，她知道我們必須盡快反應。

我們問阿斯娜怎麼回事，她說這星期以來，每天她班上都有幾個同學悄無聲息消失，被迫隨父母回到戶籍登記的家鄉，其中不乏幾個她的好朋友。我們盡力安慰阿斯娜，說假如時局好轉，她的朋友還是有可能回來的。她的黑眼眸泛著淚，很明顯不相信我們的話。

兩星期後，將近三月底一天傍晚，我和一個朋友決定在我家公寓前一間茶館聊天散心。我們進到店裡，沒看到半個顧客。店主是個友善的年輕人，我因為常來和他已經很熟了。他一如往常熱情招呼我們，還拉了把椅子到桌邊一起聊天。不一會兒，一名維吾爾中年男人孤身走進店裡，直直走向角落的桌位。店主邀請他過來一起坐，他們是今早認識的，男人到店裡來吃早餐。男人猶豫片刻，走過來坐下。

茶館主人對我們說起男人的故事。他來自庫爾勒，在烏魯木齊生活十多年。期間他回家鄉娶了個姑娘，然後帶著妻子回到烏魯木齊，生養了三個孩子。過去幾年，他們在附近租了一間單層樓兩房的屋子，男人仰賴在院子經營焊接的小生意養活一家人。一星期前，他接到庫爾勒戶籍登記地派出所的電話，命令他立刻偕家人返回故鄉。這位焊接工先送了妻子和孩子回去，打算把這裡的生意收個尾再跟著回去。

但兩天後，他去拜訪一名客戶時，身分證觸發了對方公寓的保全掃描警報。特警從附近的便民警務站趕來，現場將他拘留並帶回派出所。派出所員警告訴他，他的身分證被標記了，他必須立即與庫爾勒戶籍登記地的警員聯絡。他打給庫爾勒的派出所，接電話的員警用惡劣至極的態度威脅他馬上回去。他懇求警察再多給點時間，好不容易爭取到延遲三天。

隔天——也就是我們見到他的前一天——居委會命令房東驅逐這名焊接工。在天寒地凍的時節，他沒別的辦法，只能到附近的廉價旅館投宿。

一直靜靜聽著的焊接工這時說話了。「我自己是無所謂，」他傷心地說。「但我有好些工具和鐵料，房東把那些也都扔出來了。我問他能不能把那些東西留在他的院子裡，我很快就會從庫爾勒回來，但他拒絕了。我們這麼多年來一直處得不錯，但如今他卻鐵石心腸。」

看樣子那名房東並不認為男子還會從庫爾勒回來。

「那你拿那些工具材料怎麼辦？」我朋友問。

茶館主人聞言笑了。

「我找不到地方存放。」焊接工對我們說。「我想來想去，最後想到古麗賽墓園。我向一個拾荒的朋友借了手推車，趁夜把我的工具和廢鐵運進墓園，找到一座已經挖好但尚未使用的墓穴放進去，再把墓板蓋回去。我現在只希望我從庫爾勒回來以前，墓穴主人不要先死。」

我們聽了都大笑，但其實內心沉重。

「你在烏魯木齊住了這麼多年。」我說：「怎麼不把戶籍遷來這裡？」

「唉，先生，你們城裡人不懂。像我們農村人，在家鄉多少有點土地和自己的房子。要是遷走戶籍，地方政府就會把土地沒收。何況一直以來，戶籍並沒有妨礙我們搬到想住的地方。我們不明白現在是怎麼回事。」

他告訴我們，他一早就會出發回庫爾勒。他不知道在那裡的派出所會有什麼等著他。

*

幾個星期過去，時序將近五月。烏魯木齊的天氣漸暖。某個星期一早晨我開車上班，出門比平常晚了些。轉進團結路不久會經過八戶梁派出所，我注意到派出所院子有不尋常的集會。我放慢車速，透過車窗窺看院子。我看見一百名、甚至是兩百名維吾爾人靜默不安地站在原地，全身黑衣的武裝特警把人陸續押上兩輛停在院內的巴士。幾個走上巴士的人回頭渴盼地看向大門。我全身竄過一陣哆嗦，大規模逮捕也來到烏魯木齊了。

之後那一個月，逮捕的消息口耳相傳。每天在城市各個角落，都有數百名維吾爾人被傳喚至數十間派出所，然後被送往「學習」。我們這時已經明白，所謂的「教培中心」其實就是集中營。民眾被電話傳喚到居委會辦公室或派出所，只得知要去接受「學習」，人隨即被帶走。一個接一個，我接連聽說朋友和熟人被帶走。

五月底一個下午，我正要去新疆電視臺處理公事的路上，接到與我熟識的年輕作家打來電話。他剛接到派出所電話，告知他要被送去「學習」。但他聽對方說如果有警察能替他擔保，他就可以不用入營。他現在到處聯絡認識的人，看有沒有人認識警察，但到目前還找不到半個能擔保的人，他問我能否幫忙。

「我只認識逮捕並訊問我的警察。」我告訴他。他沉默半晌。「好吧，抱歉打擾你。」

他掛上電話。隔天我就聽說他被送去「學習」。

我聽說，烏魯木齊的大規模逮捕和喀什一樣，首先針對虔誠教徒、出過國的人，以及在國家體制外謀生的人，接著逮捕範圍又逐漸擴大到其他目標。至今當局是怎麼決定要抓誰的都是個謎，要是有誰問起自己被捕的原因，警察只會說：從上面發下來的名單上有你的名字。你無從得知自己的名字是不是或什麼時候被列在名單上。我們都活在這種駭人的不安之中。

有一天，我們一些朋友在阿勒瑪斯的店裡聊天，話題轉到這些名單上。其中一個朋友算得上是電腦高手，他說這些名冊很可能是利用特殊設計的電腦程式生成的。的確近來也流傳許多關於警察網路系統的恐怖說法。

我們聽說從去年年底開始，每個人的個資都被輸入一個名為「一體化聯合作戰平臺」的系統。警察會根據這些資料——特別是基層警察——在每個他們認定危險的人的檔案上做記號。由於每個人的身分證都透過網路與一體化作戰平臺連結，警察檢查站又無所不在，檔案上有記號的人一掃身分證就會觸發警鈴，當場被拘押。維吾爾人稱這些記號叫「黑點」。誰要是因為檔案有註記而被逮捕，大家會說他們「因為有黑點被抓了」。有愈來愈多人最近發現自己也被加上這些可怕的黑點。

照理來說警察逮了人，當局依法律要求有必要通知家屬。但法規被無視是常有的事，這時家屬往往會上派出所找人，想知道為什麼家人會被拘留、現在關在哪裡。假如拘留的原因是政治檢控（對維吾爾人來說，這個原因的範圍逐年擴大），警察當然不會講明，但最少會透露人被關在哪裡。經過警方允許，家屬可以送一些肥皂、毛巾、內衣褲和衛生紙等日用品給拘留人，甚至有機會見上一面。但隨著大規模逮捕展開，現在的情況顯然不同於以往。現在家屬無從得知拘留人被送至哪一座「教培中心」，人單純就這樣消失了。

大規模拘押進入第二周後，瑪爾哈巴一個朋友的丈夫被居委會傳喚，接著就被帶往「學習」。瑪爾哈巴的朋友到居委會去找人，對方要她去派出所問。她去了派出所，又被告知去問公安分局。分局將她拒於門外。她和其他來打聽至親下落的人一樣，焦慮煩亂地在公安分局外站了三天，但一點用也沒有。到了第三天，她聽說不少拘留人被關進烏魯木齊市郊米泉的大型營區。隔天一早，她帶上丈夫的身分證影本，搭了計程車前往米泉。由於太多人都來尋找家人，警察只得要求所有人排隊一一上前詢問。她走向百米長的隊伍末尾。新營區蓋在一片曠野中央，放眼望去沒有任何遮蔭。她在烈日下站了將近十個小時，終於輪到她時，天色已近傍晚。接受詢問的警員在電腦裡輸入她丈夫的身分證號告訴她，她先生不在這裡。

當晚，她在微信朋友圈發了一張營區外大排長龍等待的照片，文字寫著：「我今天去了那裡，滿心希望你在，但等了一天都沒找到你的蹤影。你的寶貝女兒守候著家門，你勇敢的兒子安慰我替我拭淚。我們想你。你會在哪裡？」

大規模逮捕展開後，每次開車經過派出所，我都會特意往院子多看兩眼。我不能開太慢，不然會招來警察關切，所以我只會匆匆瞥一眼在院子裡等待被送往「學習」的維吾爾人。我總有一股衝動想再靠近點，看看其中有沒有認識的人，但我害怕打開車窗。這時大規模逮捕在烏魯木齊已持續一個多月，幸而我的近親還沒有人被捕。這時我對逮捕的直接經驗，還只是透過車窗小心張望。

*

即使危機逼近，生活還是要過。某一天近午，我走出小區去買烤饢。由於附近的的攤子被查封，我們只能到一間維吾爾人經營的小超市，買價格貴了些的烤饢。我走進常去的那間超市，看到兩名維吾爾青年一邊付帳一邊聊天。

「是喔，你們昨天去了畜欄？」

「我們去了。」

「那些羊怎麼樣？」

「只會可惡地看著人。我們拖了三隻出來，逼著咩咩叫一會兒才放他們回去。」

兩人與店老闆熟絡地打過招呼後，走出店外。

「他們是誰？」我問老闆。「他們在說什麼？」

「他們是分局警員。」他答得漫不經心，目光沒有從手上動作移開。「他們說的是教培營裡的人。」

換句話說，這些維吾爾警察把被拘留的人稱為羊，囚禁人的營區是畜欄，他們把折磨那些可憐的人當成遊戲。我感覺胃底揪了一下。

逮捕在烏魯木齊持續一個多月時，有點地位和手段的維吾爾人還覺得這陣「風」不會掃到他們。這些人知道透過金錢或人脈，他們可以豁免於國家措施。但最近，有愈來愈多名人甚至政府官員半夜從家中被帶走，有的人還是當街就被帶走。也有政府職員可能白天去上班，之後再也沒回家。

維吾爾人只能盼望十月中國共產黨第十九屆全國代表大會開完後，這場可怕的「學習」會隨之落幕。每一屆黨代表大會前，全國各地都會加強安檢措施，在維吾爾地區尤其如此。

我一個朋友的弟弟是電視臺技師。聽我朋友說，警察在午夜後進到家中將他弟弟帶走，沒人知道他被關押在哪裡。他是一名優秀的技術員，是團隊的核心成員。他的家屬懇求電視臺高層幫忙向警察打探人的下落，但電視臺拒絕了，並對他的家屬說當前時局敏感，他們不方便介入這種事。

如果連電視臺等重要政府機關的職員都會遇上這種事，表示沒有一個維吾爾人真的安全。那些原以為不會被風掃到的人，發現自己的信心動搖了。他們發覺自己想起一句維吾爾俗諺：牆擋不住勁風。

七　鑰匙

星期一早晨，阿斯娜和阿爾米拉匆匆吃過早餐後出門去上學。我因為諸事煩心頭腦昏沉，揮不去憂慮和不祥的感覺。我躺在沙發上，滑著朋友的微信貼文，但沒有一篇真的入眼。我決定聽點木卡姆，那是構成維吾爾古典音樂核心的十二套曲目。我選了我最喜歡的木卡姆《烏孜哈勒》，聽著開頭的歌詞在哀愁的彈布爾聲中飄盪。

瘋狂之谷將擁抱我疼痛的靈魂，
讓我這半毀的人生一口氣徹底毀滅。
噢，邪惡的命運，你殘忍地擁抱碾我為塵埃，
願無人在我凋敝的塵土中發現丁點價值。
莫問我去向何方，選擇已不在我手上，

我將生命的韁繩交予命運，所走之路但聽天命。

古老的歌詞哀傷刻骨，我正沉浸在遐想之中，忽然手機鈴聲把我猛然拉回二十一世紀。是王博打來的。他是居委會的漢族幹部，所屬的居委會對我們公司所在的這棟樓有管轄權。王博是我們公司的「包戶幹部」。

按中國的行政建制，社區居民委員會（也叫居委會）是基層群眾自治組織，由城市居民自我管理、自我教育、自我服務。委員會主任、副主任和委員由住民選出。但實際上，我從來沒聽過居委會的公開選舉。由於每個居委會都包含一個地方共產黨支部，大家一般只覺得居委會是黨在城市裡的地方行政單位。

過去三年來，維吾爾自治區的居委會權力忽然大幅提升。以前他們的辦事處乏人問津，只有三、四名員工，現在職員卻多到三、四十人。每個居委會也有區警辦公室，當值的員警常來回奔波於居委會和派出所。

居委會職員大多會被委託管理委員會轄內的住宅、商店和公司。他們會應上級指示，密切關注指定的住宅和機構，然後向上呈報告給居委會主任和區警。他們特別注意租屋族或未穩定就業的人，以及日行五禱、蓄鬍或戴面紗的虔誠維吾爾人。人們普遍相信，居委會向上層提交的這些報告與大規模逮捕有關聯。

每周一和三，王博會來視察我們的辦公室。每次視察後，他會用手機掃描辦公室門內牆上的QR碼。QR碼儲存了我們公司每名職員的辨識資訊。

因為我們是影視廣告製作公司，辦公室很多人來來去去。非公司員工來的時候，假如王博正好也在，他會逐一詢問對方叫什麼名字、來這裡做什麼，並把回答確切記錄下來。當時我們對這種事都很習慣了，誰也沒有多想什麼。

那個周一早上，王博在電話上跟我說我們的辦公室鎖上了，他很客氣地請我盡快過去替他開門，他在大樓外等我。

我下樓發動車子。我的公寓小區有二十六棟樓和兩個大門，一個供人步行，另一個供車輛出入。行人入口從去年秋天就鎖上了，現在只能從警衛室的十字轉門掃描身分證進入。大門旁的小屋裡日夜有警衛輪班，非住戶要步行進入小區，必須在警衛室押證件。住戶開車進來要刷感應卡，非住戶的車輛則必須先經過登記才能進入小區。雖說是這樣，每輛車進入小區，後車廂都還是得打開檢查。我往感應器嗶了我的卡，開車上馬路。

幾個月前，小區前的十字路口建了一間便民警務站。從十月起烏魯木齊每一條路上間隔兩百米，就有一座這樣的雙層建築，彷彿都由一個模子印出來似的。警務站一樓有數名員警輪班，並陳列一排日常必需品提供過路人使用，例如手電筒、縫紉包、單車打氣筒、傘、瓶裝水、毛毯、麵包和手機充電線，它們都像展覽品一樣排放整齊。同樣排放在一旁的還有哨子、長木棒、橡膠棍、電刺叉、手銬、盾牌和其他維安用具。警務站二樓有十五到二十名武裝特警候令，警務站外則有一輛警用廂型車全日二十四小時待命。

自從這些警務站打著「便民」口號建立起來，我一直密切關注其動靜。有一次甚至假借問路進到裡頭一探究竟，但我還沒見過有誰是真心進警務站求助的。實際上每個人都心知肚明，這些警務站是控制及鎮壓維吾爾人的巨大體系一環。維吾爾人經過警務站，每每都會裝作沒看見，盡可能迴避。但我們漸漸還是習慣了，因為我們知道無所不在的監控是躲不掉的。此刻我看著警務站，開車經過。

經過團結路上的八戶梁派出所時，我望了派出所院子一眼。兩名警察正在屋前對十來個維吾爾人說話。我猜警察是在告訴他們即將被送去「學習」。無論如何，經過一個月的高峰期，大規模逮捕似乎放緩了。後來我們才曉得這段時期的減弱只是暫時的。

車子行經公車十號線的陶瓷廠站，我看到幾名特警在人行道攔下兩名維吾爾青年，檢查他們的手機。自從二〇〇九年暴力事件後，攔檢就成了家常便飯。

去年秋天，我開車在幸福路上拐錯彎，交通警察從路旁出現把我攔下。我把車靠邊停，交警表示要看我的駕照，我遞給他問我做錯了什麼。他沒答理我，兀自走回警車。

我跟上去又問了一遍，嗓門一定是不自覺提高了。因為才一眨眼，四個在街上巡邏的漢族特警已經衝過來，傲慢地問這裡發生什麼事。我向他們解釋，但他們沒興趣聽。其中的隊長打斷我說：「手機給我！」我交給他。「解鎖密碼。」我解鎖了。他從口袋拿出一部掃描裝置，裝置一端連著五條傳輸線，分別供iPhone手機、安卓手機和其他我不熟悉的手機型號連接使用。他把我的iPhone接上裝置，按了螢幕上的按鍵開始掃描。

警察在維吾爾自治區南部檢查民眾手機已經好幾年，而且會以檢查到的內容為由把人逮捕，但在烏魯木齊，這項措施是去年秋天才開始的。從此以後每個人都異常小心。很多人因為下載檔案分享軟體快牙等「非法」應用程式被抓，或者因為警察在他們的手機上找到「違禁」資訊，例如可蘭經文、伊斯蘭教或維吾爾民族主義的相關影像，甚至是政府禁止的歌曲。違禁資料到底涵蓋多廣非常難判斷，決定這些事的不是法律，而是政策，政策又總是改個不停。最近智慧型手機在自治區才剛流行起來，很多還不熟悉使用的人，甚至不知道自己手機裡有哪些東西就照樣被抓了。

隨著局勢惡化，我和很多人一樣花時間「清理」了我的手機，和三年前清理我的電腦沒兩樣。照片、影片、音檔，甚至是QQ和微信聊天紀錄，我都一一刪除。我刪掉任何可能被警察握為「證據」的東西，這包含任何與維吾爾人或伊斯蘭教有關的事物。我的手機裡就只剩下最日常俗世的項目。雖然我知道應該沒什麼能被警察當作把柄，但當員警掃描手機時，我還是有點緊張。只要他們想，任何事都可能被當成藉口，甚至它們連藉口都不需要，就能把我帶走。

員警的裝置終於結束掃描，想必沒偵測到任何違禁資料。員警的表情有些困惑，他皺著眉遲疑了片刻，又一次按下掃描，目光撇開沒看我。我靜靜等著，心裡默念我去年寫的一首詩。

耐心

太陽盯著大地
閃電盯著樹木
老虎盯著羚羊
黑夜盯著白晝
時間盯著河流

上帝盯著人子
槍口盯著胸膛
決不罷休
這，就是耐心
不敗的，無情的，永恆的

員警第二次掃描依舊沒搜到任何違禁內容。我永遠忘不了他終於肯把手機還給我時，臉上那失望的神情。

我一邊開車一邊憶起這些事。我們公司位於團結路上一棟六層樓的老辦公樓，靠近二道橋和烏魯木齊舊城區中心的國際大巴札。這棟樓原本是自治區電影發行公司所在的地方，現在把空間租給維吾爾人經營的電影、電視、廣告和媒體公司。許多有名的維吾爾藝人也在這裡設有工作室。

王博負責主持我們這棟樓的反暴恐操演。只要他一聲令下，正門入口的保安會即刻吹響哨子，樓內所有公司和辦公室的業主和主管就會像一群鵝似的衝下樓梯。不到三分鐘，所有人已列隊站在樓前的廣場上。王博會用中文宣讀名單，一一點名確認人都到齊。我們應王博指示，有時候會像軍人一樣成縱隊小跑步，跑向隔壁電子大廈的院子，加入在那邊租用辦公室的人，組成大的防恐聯合陣線。每次跑到另一處院子的路上，我都會在街上經過的行人臉上看見五味雜陳的表情。

其實這些操演也沒什麼，只要兩棟樓的人員按照要求動員集合，並且態度嚴肅、動作迅速，居委會幹部就會覺得做到該做的工作。看來搞出這些活動的主要目的，只是要讓我們經常處於緊繃和恐懼之中。

更高層的官員不定期會來視察，這時我們的操演就會變得更加急迫嚴格。誰要是不能配合或表現得意興闌珊，名字就會被轉交給區警。在這種樓內，人人都有需要和區警打交道的時候，對於居委會籌畫的活動誰都不能掉以輕心。

人要是被迫持續做這些事，過不了多久就會覺得自己也成為警察，開始習慣彼此監視、互相舉報。他們會時刻提心吊膽，提防不具名的敵人，並經常感覺彼此為敵。不過，在四月底大規模逮捕擴展到烏魯木齊後，辦公大樓多半人去樓空，操演也跟著停了。

雖然樓裡沒剩幾個人，房屋的安檢措施卻仍全力運轉。去年年底，烏魯木齊市內所有建築都開始加裝金屬檢測門，小至公共廁所都有。我們公司這棟樓自然不例外，入口處也裝設自動掃描器，由兩名維吾爾保安負責看守。

我在樓前和王博碰面，然後一起走進去。王博自信滿滿地昂首經過掃描器，彷彿通過的是自家大門。我永遠克服不了經過掃描器前不自在的感覺，但保安空洞的眼神每每令我懷疑機器是否真的有用。就我所知，這部掃描器安裝至今半年來沒偵測到一件危險物品。恫嚇才是它真正的作用。

我們公司辦公室位在五樓。我替王博開了門，他走進辦公室後，一如既往拿出手機掃描牆上的QR碼，接著也如往常般四下兜轉一圈。辦公室很大，分成三個主要空間。平時孜孜不倦追問辦公室每個生面孔的王博，現在看到他名單上的人、一直以來監視的人再也沒半個出現在辦公室，並未露出意外的神色。

一個月以來，公司業務已經停止運行。與電視臺的合作關係失效，為電影製作進行的準備中止，待拍攝的廣告也取消了。這一切全發生得突然。我們有些職員被警察召回故鄉戶籍登記地，另一些還留在烏魯木齊，卻不確定能做什麼。公司業務停滯，我付不出薪水也無法再繼續雇用他們。這些王博都知道，但他依舊每周兩次前來視察辦公室。

「王博。」我說：「你應該也知道，我們公司已經沒有業務，也沒有人了。我從現在起也會待在家裡。你說我們該怎麼做？」

「我知道，我知道。」他友好地答道。「但你也懂吧，我的工作還是得做。」

「不如這樣吧。」我果斷地說。「鑰匙給你。之後你什麼時候想來視察我的辦公室都行。」

他看起來有些吃驚，我知道他一定以為我在捉弄他。我趕緊補上一句：「別想多了。這樣對我們都方便。反正這間辦公室也沒什麼好操心的。重要設備我都已經搬到我兄弟的倉庫去了。」

王博聽出我的語氣真誠。「那好吧，就這麼做吧。」

我把一只辦公室鑰匙給了他。現在我又少了一個負擔。

走下樓梯時，我發覺自己想起一九七〇年代流行的一句口號：「我們的一切都屬於黨！」從今天起，我的辦公室也是黨的了。

八　派出所地下室

兩個女兒跟我們說，周末想去吐魯番摘桑葚。吐魯番以天氣炎熱和盛產葡萄聞名，春天結果的杏桃和桑葚也吸引遊人到訪。時值五月下旬，桑椹季就要結束了。阿斯娜和阿爾米拉喜歡從枝頭現採現吃，有時候還會爬上桑樹樹。

我和瑪爾哈巴立刻答應出遊。烏魯木齊的冬寒未消，去吐魯番享受兩天溫暖春陽，有助於我們放鬆沉重的心情。於是星期六一早，我們一家四口坐進車裡，往吐魯番出發。

漫長的車程中，我和瑪爾哈巴為了打發時間，通常會聊聊朋友、家庭和旅行計畫。但因為最近兩個月來發生許多事，此刻我們的話題不由自主飄向政治局勢。但這種事討論到後來往往只會一直兜圈子，導致對話變得不甚愉快。

開往吐魯番的路上，我們再度討論到是不是該離開這個國家。我強調局勢很可能會持續惡化，但瑪爾哈巴始終不願意考慮出國的想法。

「不會那麼慘的。」她每次都說。「真主會保佑我們。我們也沒做什麼，他們沒理由逮捕我們。」

年過四十以後，離開家鄉到異地重新生活不是一件容易的事。我們在烏魯木齊過得還不錯，雖然規模小但也開了自己的公司。結婚十六年，我們一同克服大大小小的考驗，買了房子，拉拔兩個孩子，生活才剛開始舒服起來。而且，我太太珍視傳統的生活方式，也不希望拋下親朋好友。

作為一名詩人，要我放棄主要讀者群，學習陌生的語言還有在陌生的土地上生活，我也同樣為難。離散海外的維吾爾社群相對小，離散作者寫的作品讀者群同樣也很少。中國政府很早就禁止引入海外出版的維吾爾語著作，現在管控只會更加嚴格。

我在北京讀大學第二年，曾經選修兩學期的英語課。第二學期初，適逢天安門學運展開，大家紛紛翹課參與抗議。我的英語也就此停留在學了一個學期的程度。雖然我後來好幾度決心想重新把這門語言學好，但總是有其他更急的事，計畫也就從來沒結果。大概是我始終不需要真的用上它吧。假如現在必須出國，語言會是我最先遇到的最大問題。出於必要我當然會學，但我都快五十歲了，還要把一門新語言學得好到能夠寫作，怎麼想都是天方夜譚。

我和瑪爾哈巴從來沒有講明，但我們心裡都知道，一旦離開家園，我們可能就再也回不來了。不安和惶恐盤旋在這些話題上。

聽我們這些沒完沒了的討論，兩個女孩早就聽累在後座睡著了。天山矗立在我們的右手邊，鹽湖像一面被扔進戈壁灘的大鏡子，在山麓下閃閃發光。

我們途經達坂城，路慢慢攀進山間。汽車音響忽然傳來我的手機鈴聲，來電顯示是未知號碼。近來人人都很害怕接到未知號碼。

我接起電話。「喂？」

「喂，是塔依爾．哈穆特大哥嗎？」電話那一頭的年輕女子用敬稱問我。

「我是，請說。」

「我是居委會的古麗江。」

「哦，你好嗎？」

「我很好，大哥。您太太的名字是瑪爾哈巴．薩比爾嗎？」

「沒錯。」

「大哥，我是要通知您，派出所正在採集指紋，每個出過國的人都要。您和您太太方便來派出所一趟嗎？」

「其實我們有點事正要去吐魯番，明天回來，辛林。」我依循維吾爾傳統，親切地稱她辛林（singlim），意思是妹妹。

「嗯，這樣的話，請您星期一過來。」

「好，我們星期一上午八點過去，正好開門營業的時間。」

「我看一早會有很多人，不然您下午兩點來好嗎？」

「那好。看來你們連周末也要上工呢？」

「是啊，我們周末上工有一陣子了。」

「好，那就先這樣了，再見。」

「再見。」

古麗江是二十五歲左右的維吾爾姑娘，前不久才開始在我們公寓社區的居委會工作。她負責追蹤記錄我們這棟住宅，就像王博負責我們的辦公樓一樣。她每周兩次會來我們公寓視察，每次都會先問我們家有沒有遭遇困難，接著問有沒有客人來借宿、有沒有計畫生育以外的孩子出生、家中有沒有人每日禱告。她會拿筆記本記錄我們的回答，同時在屋內謹慎地四處查看。老實說，我們不可能有事瞞得住她。

我們對待古麗江很恭敬。瑪爾哈巴向來好交際，每次都會問候她的近況。古麗江二〇一四年從大學畢業，但三年來一直沒法在她的領域找到工作。有這種遭遇的不只有她一人。隨著對維吾爾人的歧視和懷疑日增，無數大學剛畢業的維吾爾青年發現自己找不到與學歷相稱的工作。古麗江在居委會的新職位雖然吃力，工資也微薄，但只要她努力工作並通過公務員考試，就能成為職業公務員。這是她深盼實現的願望。

有時，我們會看到她腋下夾著藍色檔案夾在門外等人，或進出其他戶人家。也有一些時候，我們是晚上在附近公寓遇到她。「這些可憐人也不容易呀。」瑪爾哈巴常常感嘆道。在政府鼓勵下，很多像古麗江這樣的年輕人投身為居委會工作。

居民大樓的門口會張貼包戶幹部和片警的相片與聯絡資訊，底下附一行字提醒我們「要是有發現什麼」，隨時可以跟他們聯絡，那形同不怎麼隱晦地鼓勵鄰居相互監視舉報。每次走進樓里，我的目光總是忍不住被片警和包戶幹部的相片吸引，彷彿能聽見他們說：「我們一直看著你。」

我們繞出山區，往前開向小草湖公安檢查站。

沿著預定路線前進，我們開抵了檢查站。瑪爾哈巴下車，走向檢查大樓去掃描她的身分證。我和女兒留在車上。特警沒檢查我前面那一輛車就揮手示意他通過，我推判駕駛一定是漢人。

我緩緩前進，按規定放下所有車窗，把車停在武裝特警旁邊。他用高傲的神態調了調肩上的衝鋒槍背帶，接過我的身分證。他比對我的臉和身分證上的照片後，用漢語問我要去哪裡、做什麼，我照實說了。他探頭看進車裡，我兩個女兒這時已經醒了。他接著指了指後車廂，要我下車打開。他彎腰檢查過車廂後，終於把身分證還給我，揮手讓我們前進。

我把車停在檢查站旁的大停車場等瑪爾哈巴。大約十分鐘後，她從檢查站走出來。「我真是受夠了。」她一邊嘀咕一邊坐進車裡。

我們在吐魯番的周末假期在焦慮籠罩下度過。我們雖然努力放鬆心情享受時光，但星期一必須前往派出所這件事始終縈繞不去。「他們除了指紋不會要別的了吧？」瑪爾哈巴問我。「我想應該不會。要是還有別的，他們會要我們放下事情立刻過去。」我說。瑪爾哈巴所謂「別的」，意思是被送去「學習」。

我們在星期日晚上回到烏魯木齊。星期一，快到下午兩點前，我和瑪爾哈巴出發前往派出所。派出所外大門深鎖。看守警衛室的中年維吾爾人問了我們來意，用筆記本記下我的姓名、族裔、身分證號，以及同行人數後，才打開通往院子的小自動門。

踏進派出所後，坐在前廳櫃臺的年輕漢族員警問我們來做什麼。接著同樣在面前攤開的登記簿上寫下我的姓名、族裔、身分證號及同行人數。「下去地下室。」他指著往地下室階梯的門對我們說。我頓時覺得血都涼了。

三年前，二〇一四年，我來過這間派出所替瑪爾哈巴和兩個女兒辦理護照。負責的區警檢核過我們一家人的數位檔案後，判定她們三人有資格取得護照。當時的護照申請書基於國家安全理由，需要由派出所副所長簽名。這間派出所的副所長是一個哈薩克人，名叫埃爾伯。

我當時同樣站在這座大廳，詢問當值的員警要去哪裡找埃爾伯。那名漢族員警要我等一會兒，埃爾伯正在地下室訊問人。

我在走廊的鐵椅坐下來等。過了一會兒，我聽見地下室傳來男人悽慘的叫聲，在我聽來是中年維吾爾男人的聲音。我渾身發顫。當班的警員連忙走過去把通往地下室的鐵門牢牢關上。照理來說，地下室階梯是不會有這種門的。很顯然這間派出所把地下室改造成訊問室。

半小時後，埃爾伯從地下室上來。我從椅凳上起身說明原委後，把區警準備的證明書連同護照申請表一起交給他。他看起來焦躁又疲憊，把菸叼上唇間，一手接過表格，另一手在上面簽了名。寫字時，他的手微微顫抖。

而今，我和瑪爾哈巴走進同一道鐵門，下樓走向地下室。階梯底端通向一條長約二十公尺的走廊。左手邊有三間囚室，由鐵柵欄與走廊隔開。

第一間囚室裡擺了一張沉重的鐵製「老虎凳」，用於審問及刑求犯人。老虎凳上將犯人胸膛緊扣在椅子上的鐵鉗敞開，固定手腳用的鐵環也空懸在兩側，整張椅子看上去就像在等待下一個不幸的靈魂坐進去。在水泥地板上，沿牆固定著許多鐵環，我猜是給人上鐐銬用的。地板中央有褪淡的血跡。三間囚室都空著，門沒關上。

右手邊是一排共五間的辦公室，每一間都有大片窗戶面向走廊。我們走進地下室時，已經有兩對夫婦在排隊等候。不久，我們身後又排了二十多人，幾乎全都是中年維吾爾人，從外表就能看出是相對富裕的人，但人人臉上都籠罩著擔憂和困惑。

我們順著隊伍走進第二間辦公室，發現桌子後面坐著古麗江。她請我們填一張登記表。星期六她在電話中說派出所需要採我們的指紋，現在她又告訴我們除了指紋外，警方還會採集我們的血液樣本、聲紋和臉部影像。瑪爾哈巴聽了憂心忡忡看著我。「他們想要就給他們。」我悄聲對她說。「只要我們能安全出去就好。」

我們的血液樣本會在這間辦公室，由一名年輕的維吾爾女生和一名維吾爾青年負責採樣，女的可能是居委會幹部，男的應該是輔警。我問他們怎麼不請個護士，輔警不以為然地譏笑說：「用得著嗎，這麼簡單的事！」年輕女生笨手笨腳地從我們的食指採血。

之後我們沿走廊走回第一間辦公室，員警在那裡收集我們的聲紋樣本、採取指紋、掃描臉孔。

首先，我拿起放在桌上的《烏魯木齊晚報》走向麥克風，朗誦其中一篇文章。我故意用最字正腔圓的維吾爾語，念得像個專業主播，我猜這至少能讓警察未來比較難根據樣本辨識我的聲音，我日常生活中從來不會那樣說話。念了兩分鐘，錄音技士示意我可以停了。她對我露出滿意的笑容，就像在說「你讀得真好聽」，然後把音檔儲存下來。

下一個是指紋。我聽從技士指示，將兩手依次放上掃描器，五指大大張開。接下來我必須在掃描器上滾動每根手指，確保手指的所有紋路都被完整記錄下來。掃描結果如未達電腦要求，系統會拒絕存取，我那一根手指就要重新來過。十根手指都要符合這種標準不是件容易的事，有幾根手指我就重複掃描了好幾次。

我這一生被採過幾次指紋，但我從未見過與聽過像今天這樣累人的採指紋程序。雖然過程極其冗長，但結束時我才意識到，我平常就有完美主義傾向，我竟然無比專注地想把掃描正確做好。

現在輪到臉部影像。一名漢族輔警示意我坐上面對攝影機的椅子。他調整三腳架，讓鏡頭與我的臉等高。

我當了十八年的影視導演，見過也用過各種尺寸形狀的攝影機。而從二〇〇九年烏魯木齊暴力事件後，城市大小角落都裝上監視設備，我也因此見過各式各樣的監控攝影機。但眼前這部攝影機和我見過的都不一樣。鏡頭從左到右非常扁，高約三公分，長約二十公分。

操作電腦的女人向我說明該做什麼。聽到信號後，我要直直看著攝影機兩秒，然後慢慢平穩往右轉頭，維持姿勢兩秒後，用相同速度回到正對鏡頭靜止兩秒，之後再重複相同動作往左轉頭。接下來，用同樣緩慢穩定的速度，向後仰頭往上看，停頓兩秒，接著重複相同動作向下低頭。最後，我必須直視攝影機，慢慢把嘴完全張開，維持該姿勢兩秒。閉上嘴後，再度平穩直視攝影機兩秒，這樣我的臉部掃描才算完成。上述所有動作必須按照規定的順序，一口氣不間斷做完。萬一哪個動作不符要求，電腦掃描程式會發出信號，停止運轉，這時我就得從頭重新來過。我試到第三次才順利完成整個步驟。

瀰漫在派出所地下室的恐懼感，讓人忘了這些動作實際上有多荒謬、多滑稽。每個被召進地下室的人，腦中只想著要盡快結束、盡快離開這個地方。

瑪爾哈巴緊跟在我之後進行這些程序，她在臉部掃描這一關遇上困難。她很努力試了，但就是無法按要求維持穩定的速度，動作不是太快就是太慢。挫折和憤恨讓她漲紅了臉。我站在一邊提示她、鼓勵她，發現我的手掌也緊張到汗溼。

男性和女性的臉部掃描程序只有一處不同。男性在程序末尾被要求張大嘴巴，女性則必須緊閉著嘴，充氣鼓起臉頰。我很納悶這個差別是為了什麼，但到今天都沒找出答案。

試了一次又一次，瑪爾哈巴第六遍終於嘗試成功了。我們忍不住像孩子一樣開心，終於一切都搞定了。

我們回到方才另一間辦公室，向古麗江稟報已經完成所有程序。接著回頭經過滿臉倦容的等候隊伍回樓上去。

我們爬上階梯，我半開玩笑地對瑪爾哈巴嘀咕：「現在監視攝影機從背影也認得出我們了。」

離開派出所時，已經過了下午五點。

「我們必須離開這個國家。」瑪爾哈巴苦澀地說。

你們未知的地方……

這裡從未有傳染的人名，
我們說有，就有了。
這裡從未有生根的沙子，
我們說有，就有了。
這裡從未有滴落的時間，
我們說有，就有了。
這裡從未有繁衍的孤獨，
我們說有，就有了。
這裡從未有千眼的天空，
我們說有，就有了。

這裡從未有流浪的遺忘，
我們說有，就有了。
但我們說的沒有不能讓任何東西無有，
即便被我們說有了的那些。

九　護照

我們甚至沒想過出國。

儘管過了十二年多，我上次嘗試出國留下的傷仍隱隱作痛。我那未能實現的計畫引致我人生最困頓的一段時期。在邊境被捕並坐牢三年後，我已經打消所有申辦護照簽證的念頭。

不過，二〇一二年年底有一天，我和一位來我們公司委託拍攝電視廣告的商家閒聊。他提到私人公司經營人可以持公司文件申請護照，他自己的護照就是這樣到手的。我聽了就想，既然我有這個機會，或許也能申請個護照。如果情況允許，出國觀光也不錯。

護照對維吾爾人來說是一件很特殊的東西。受到多年來的孤立和政治侷限，維吾爾人把護照視為通往外界的珍貴核准書。絕大多數的維吾爾人一本護照也沒見過。多數情況下，只有海外經商的發達商人會擁有護照。

二〇一三年初，我用我公司的文件申辦了一本護照。那段時間前後，中國與世界他國的交流持續深化，中國政府簡化了護照申請流程。漢人現在只需要持身分證至對應公安機關填申請表，但對於維吾爾族和其他少數民族，申請護照仍舊是個冗長、複雜且艱難的程序。我以自治區首府企業主的身分申辦護照，過程中遇到的阻礙相對一般維吾爾人要少很多，話雖如此，我還是得和令人抓狂的層層官僚鬥爭。

仔細填完八頁的護照申請表後，我準備好我公司的在職證明。這份證明列出我在公司的職責、月薪、申請護照理由、計畫出國日期、目的地國家、赴該國旅遊的原因，以及公司對我會在寫定日期回國的擔保。旅遊方面的細節只是形式，沒必要詳實或準確。

由於公司是我自己經營的，我自己就能寫好證明，不必求誰幫我蓋章。我確切按照標準備好證明書後，拿起公司章大力按上印泥，給文件蓋上深濃的紅章。

絕大多數沒有自營公司的維吾爾人想取得這些證明書極其困難。我就曾經多次用我公司的名義準備這些文件，協助我信任的朋友申請護照。當然，這麼做不是沒有風險。萬一我提供證明的人在護照申請過程或在邊關被抓，警方很快也能循線找上我。好在這種狀況還未發生過。

我帶著申請資料前往小區女警的辦公室。阿迪拉是年約三十五歲的維吾爾女性，她仔細審閱我的申請表，然後一一檢查我公司的經營執照、我的身分證、我們全家的戶口登記，以及我公司的證明書。接著她轉頭對照電腦，看過我的派出所檔案後，印出一份文件，上面寫著：「經調查確認，居民塔依爾・哈穆特未有犯罪紀錄，不在『七類禁止出國人員』之列，不是二〇〇九年七五事件潛逃人員，可以辦理護照。」她在印出的文件上簽名後遞給我。我帶著文件去找副所長埃爾伯，他接過後看了一遍，在申請表的指定欄位用中文寫上「同意」後簽了名。接著我再走回派出所的行政辦公室，警員在埃爾伯的簽名上蓋章。

我把完成的申請表拿到居委會，取得一張單頁表格，標題是「烏魯木齊市居民出國（境）審核意見表」。我填好交回居委會，然後到街道辦事處取得批准，並加蓋更多紅章。這份表格最後一個空欄，需要蓋上天山區民族宗教管理事務局的章。要取得這個章，需要開一份我公司的保證書並蓋公司章，保證書說我不會未經核可前往麥加朝聖，否則我的公司須負全責。取得一本護照需要蓋無數個章，其中只有在職證明及這份保證書的章是我的。無數個公章象徵中國的威權，任何一個都能決定一個人的命運，在此情況下，擁有一個屬於自己的公章是很了不起的事情。

我帶著保證書前往天山區民族宗教事務管理局，為我的表格蓋上最後一個章。總計起來，申辦流程花了約兩個星期。

我看著表上連成一氣的圓形紅印，有些是鮮明的血紅色，中文字和維吾爾文字清晰可辨，有些印跡模糊，讀不出印著什麼字，但仍一樣重要。我小心地把表格裝入文件夾。所有官僚機關都通過了，真令人鬆一口氣，我感覺輕盈不少。

集齊兩份表格、我的身分文件和公司文件後，我前往天山區公安分局出入境管理處服務中心。負責人員接過資料後仔細審閱，接著告訴我等公安局審核結束，會電話通知我。我聽說公安單位如果核准你的資料，護照申請就會成功。

等了大約十天，我接到公安分局來電要我去領回資料，我再把資料帶去市公安局。在出入境服務大廳等了兩個小時後總算輪到我，我把資料交給窗口的職員。

整整過了三十天，我拿到了我的護照。

*

有鑒於維吾爾人在自己的家園日益遭邊緣化，我和瑪爾哈巴一直很擔心女兒的未來。樂觀是很難的。「我們就這樣了。」我們常對彼此說。「但我們女兒的前途不該這麼晦暗。」即使兩個女兒能從中國的頂尖大學畢業，身為維吾爾人，未來就業和日常生活仍不免一再面臨歧視。

大約此時，我們聽說幾個我們認識的富裕維吾爾人把子女送去美國的高中讀書。我們全家討論了幾次，決定開始準備送阿斯娜和阿爾米拉出國留學。首先讓阿斯娜休學一年，全心學習英語。我們計畫等她一讀完初中，就送她去美國。我和瑪爾哈巴矢志努力工作存錢，確保兩個女兒能到國外受教育。

這一來就輪到為瑪爾哈巴和兩個女兒申辦護照了。維吾爾人和其他少數族群除非有自己的事業，不然申辦護照必須先取得國外的邀請信。等瑪爾哈巴和女兒們拿到邀請信以後，還得通過和我一樣的官僚行政迷宮。

邀請信方面，我和瑪爾哈巴把我們在國外的友人和熟人都考慮了一遍。對方必須是可信賴的人。具體來說，對方必須是所住國家的公民，願意幫助我們，而且不在中國政府的黑名單上。邀請信上必須清楚陳述邀請者的姓名、國籍、地址，以及受邀方姓名、出生年月日、身分證號和預計造訪時間。此外，信上還得擔保邀請人會為受邀人的行程開支負責。信封上必須寫上受邀方在中國的住址。

我們想了想，覺得最佳人選是我們的好友米爾沙特和古麗娜爾夫婦，他們定居瑞典，且已取得瑞典公民身分。米爾沙特是我在文藝圈認識的一名作家，古麗娜爾則和我是大學同學，後來在烏魯木齊同一所學校也曾短暫共事。他們很樂意幫忙，古麗娜爾更是自願親自打點這件事。

我們收到古麗娜爾的邀請信後，程序規定須把信由英語正式譯為中文。接下來我們為了籌備資料、填妥表格、申請蓋章等工作忙了幾天後，我帶著邀請信、申請表與其他資料，又去到天山區公安分局出入境服務中心。但漢族警官翻了翻資料說，我必須提出證據證明古麗娜爾已經放棄中國公民身分。我回答古麗娜爾早就是瑞典公民，但警官只是再度重申依據規定，取得外國公民身分的中國人，必須按正式程序申告放棄中國公民身分。他把我那疊資料扔還給我。沒什麼好說的了。我氣沖沖回到我的辦公室。

後來我四處打聽要怎麼正式宣告放棄中國公民身分。看來直系親屬似乎能代替古麗娜爾進行放棄公民身分的程序。我在微信給古麗娜爾留了一條語音訊息，詳細解釋來龍去脈。

隔天我接到古麗娜爾的回覆。她移居海外前，曾向工作單位購置一套公寓。公寓目前還在她名下，所以她還不能放棄中國公民身分。換言之，此路不通。我們得再找其他人。

終於，我們問到瑪爾哈巴在澳洲的一名遠房親戚，對方願意寄邀請信給瑪爾哈巴和我們的女兒。我們到政府指定的昂貴翻譯社把信從英語譯成中文。我再次帶著資料去服務中心。這回資料順利通過了審核。

經過三個月曠日廢時的官僚程序和焦急等待，瑪爾哈巴、阿斯娜和阿爾米拉的護照終於在七月核發下來。我們歡喜得不得了，去了烏魯木齊最好的餐廳慶祝。餐廳供應維吾爾菜、土耳其菜和西餐，我們什麼都點。瑪爾哈巴喜歡土耳其烤肉，兩個女兒吃披薩吃得津津有味。飯後我們應阿斯娜和阿爾米拉要求，去了城南的水上樂園。我和瑪爾哈巴欣慰地看著她們一個接著一個玩遊樂設施，之後我們一起搭快艇遊湖。每次快艇飛速轉彎，阿斯娜和阿爾米拉就會盡情放聲大叫。

阿斯娜剛從小學畢業。九月新學年開始，她在我們當地的中學註冊報到。因應我們讓她出國讀書的安排，我請認識的一名醫生開立醫囑，聲明阿斯娜的左耳突發聽力損傷，需要接受治療，然後去見了學校的漢族校長。經過一番辛苦交涉，他同意讓阿斯娜在家接受治療。

我們請來一名家教，教阿斯娜學英語。過了兩個月，我又帶著另一張醫生朋友開的醫囑去見中學校長：「阿斯娜的病情未有顯著改善，還需再進一步治療。」校長火冒三丈：「這是哪門子的病，兩個月都沒有起色？」雖然這麼說，在我極力動之以情解釋後，他還是同意讓阿斯娜休學一年，下學年再重讀一年級。上學的問題解決了，阿斯娜全心投入學習英語。

＊

二〇一四年九月二十三日，烏魯木齊中級人民法院以分裂國家罪，判處伊力哈木・土赫提終身監禁。這個消息深深撼動每個烏魯木齊知識分子。

幾天後，我去了一趟北京。我的母校中央民族大學正在慶祝維吾爾語文學部晉升為成熟的學系滿十周年，我受邀與其他幾位在專業領域上有成就的維吾爾人校友一同出席。我們彼此大多都認識，除了系上的慶典外，我們當中幾個人也在活動上發表學術文章。瑪爾哈巴沒有來過北京，這一趟也與我同行。她想看看這座城市，尤其想看我當年讀書的大學。我向從前的教授介紹她是我妻子時，心中湧現一股驕傲。

我雖然享受慶典氣氛，但伊力哈木最近遭受的判刑始終未遠離我的腦海。兩名北京的朋友先後來訪，更突顯時局之危。

其中一個朋友是住在北京的漢族作家，他長年關心維吾爾人權益。兩年前的元旦，當伊力哈木打給我時，他也在一旁。如今也多虧他把伊力哈木被捕的詳情告訴我們，他特別強調伊力哈木的妻兒目前處境艱難。我們表達探望的意願，但友人勸阻我們。他解釋說，伊力哈木的家人受到監視，便衣警察日夜在他們的公寓樓外輪班。

慶祝活動第二天，我以前在北京讀書的同學傍晚到我們下榻的旅館敘舊。他向我借一步到外面私下說話。他跟我說，我朋友居熱提從美國捎上問候，並託他轉達一條口信：我們應該立刻到美國去。居熱提在日本讀完博士後，前年偕家人前往美國，現已取得庇護。他非常擔心維吾爾人在中國處境急速惡化。他覺得用電話跟我說這些恐有疑慮，請不久前我去美國的同學代為轉達。

從伊力哈木被捕後，我雖然偶爾會估量出國的可能，但從沒長遠認真地思索這件事。但居熱提說的是事實。對中國的維吾爾人來說，時局與日不穩，維吾爾知識分子尤其危機四伏。是時候該認真考慮了。

十　拒簽

伊力哈木．土赫提因為「分裂國家罪」被判終身監禁，這件事深深撼動了我。為了安全起見，我決意為我們一家人申請美國簽證。至於是否移居海外，我和瑪爾哈巴同意會繼續考慮，看看時局如何發展。中國公民的美國簽證效期已延長為十年，我們心想萬一苗頭不對，我們還有充裕的時間做決定。

我四處打聽後，找到北京一家簽證代辦，有一位名叫李陽的漢族青年在使館區附近經營一家小旅行社。第一次在線接觸，小李給我友善但經驗老到的印象，他說自己協助過多名維吾爾人取得簽證。他對新疆的局勢和維吾爾人當前面臨的處境十分瞭解，我很慶幸找到對的人協助我們。

我在線上付清美國簽證申請費和李陽的代辦費用後，小李寄來申請需要的資料清單。我填好旅遊簽證申請表，連同我的護照及身分證影本一起電郵寄回給小李。小李為我們安排二〇一五年三月到美國大使館面談。

三月中，我們備妥李陽提到簽證面談可能會用上的資料，包含我們的護照和身分證、戶籍謄本、房屋契約、存款結餘證明書、結婚證書、女兒的出生證明、公司營業登記、我的大學畢業證書，甚至是我出版過的書。所有資料加起來足足裝滿一個背包。

這些之外，我和瑪爾哈巴各自都得提出一份公司的證明書，證明書上須羅列我們在公司的職務、年收入、計畫赴美日期、旅遊資金來源，以及公司擔保我們會在所述日期回國。

存款結餘證明書可以逕行向銀行申請。上面必須證明申請人戶頭內至少有十萬元人民幣，並載明此前半年內戶頭的所有轉帳交易紀錄。以烏魯木齊的平均薪資來說，這樣一筆錢一般人得存上一年半，而我們因為是一家人申請，戶頭金額又必須是這個數字的兩倍。我們向銀行取得了證明書。

一切備妥後，我和瑪爾哈巴搭飛機前往北京，抵達後便直奔北京的新疆辦事處，入住那裡的旅館。出了這個辦事處，內地的飯店通常不會給新疆來的人入住，維吾爾人更不用說。就算飯店允許維吾爾房客入住，也必須立刻通知警察，警察會迅即趕來飯店。房客幸運的話，警察檢查完身分證、查明他們從哪裡來、計畫住多久後就會離開。但如果不那麼幸運，房客會被強行帶往派出所接受審訊，拍下臉部照片、留下指紋登記入案，最後才會放人。

因此，維吾爾人在北京的最佳住宿選項，就是新疆辦事處大庭院的旅館和維吾爾學生眾多的中央民族大學附近的旅館。這些地方因為經常有維吾爾人住宿，當局比較不太干預。

第二天，我們按照計畫前往李陽的辦公室。他本人態度親切勤懇，說明了幾件我們到美國大使館後需要分外留心的事。他提醒我們，簽證官可能會問些出乎意料的問題，看似和簽證毫無關聯，例如我們的結婚紀念日、孩子的生日、瑪爾哈巴是否懷孕或我們家的坪數。我們如果遲疑了或答不出問題，申請很可能遭到否決。

他還說，因為我們的護照都是「空白護照」，尚未有任何簽證，取得美國簽證的機率很低，但仍值得一試。他繼續說，因為我們的條件夠好。這句話的意思是我有自己的公司，當過影視導演，財務狀況不錯，戶籍登記地又在烏魯木齊。

聽他說取得簽證的機率「很低」時，我有些惱火。這種事他早該一開始就告訴我們。但再想想，就算他一開始說了又能改變什麼？沒有更好的法子了。我們還是有高機率會選擇嘗試。

那天晚上，我和瑪爾哈巴在飯店房間花了兩個小時練習簽證官可能會問的問題。

第二天在李陽敦促下，我們比預約時間早兩小時抵達美國大使館。使館前排了長長的人龍，人數可能破千，蜿蜒排成四排，每排有一百公尺長。我和瑪爾哈巴排進最末一排。

走出使館的人從我們身旁經過。有的人拖著疲憊的腳步，手裡捏著白色紙條，也有人掩不住得意的笑容，手裡搬弄著藍色紙條。我們猜想申請簽證被拒的人大概會拿到白色紙條，通過的人則拿到藍色。

在隊伍裡等了兩個小時，通過使館的重重保全也摁了指紋後，我們終於進入一條走廊，簽證官坐在窗口後方。許多名看上去像學生的年輕男女引導申請人往不同窗口移動。我全力保持冷靜鎮定，但仍不免有些緊張。為了避免表現出來，我回頭對瑪爾哈巴笑笑。可是沒有用。她直勾勾望著我們前方的窗口，我從她眼裡看出來，她滿心盼望我們會分配到好的簽證官，核發簽證給我們。

隔著窗口可以分別看見三名簽證官與申請人說話。簽證官其中一人是禿頂的中年男人，一人是魁梧的黑髮女子，另一人是年輕的金髮女子。我知道這沒意義，卻仍忍不住仔細打量他們的相貌、表情，還有與申請人的互動，想藉此猜出誰最有可能核准我們的申請。

輪到我們了。瑪爾哈巴和我被引向年輕金髮女子的窗口。我們把資料交給她。她從我們四本護照中挑出我的，開始仔細比對上面的資訊和電腦裡的檔案。我緊盯她的每個表情和手勢，尋找蛛絲馬跡，揣測她會不會發簽證給我們。她比對過資訊後往電腦敲了幾行字，接著放了兩張白色紙條在護照上，把四本護照從櫃檯推還給我。「抱歉。」她用中文說。「簽證政策目前很嚴格。我們沒辦法發給你簽證。」

我和瑪爾哈巴討論過很多次這種結果，但連個問題都沒問就被拒絕，仍然是一記沉重打擊。我半晌說不出話來，回神後，我試圖向簽證官解釋我們的女兒全心全意期待去美國玩。但我一邊說也知道自己這樣有多可悲，見我這個樣子，年輕女子從椅子上起身再三向我道歉。一名實習生見狀連忙過來領我們走出大樓。

瑪爾哈巴和我垂頭喪氣走出大使館庭院。我打電話給李陽，跟他說我們被拒簽了。他好言安慰了幾句後跟我說，我們如果急著拿美國簽證，應該先去其他西方已開發國家走走，特別是歐洲國家，之後再耐心等個一年半載，到時順利取得美國簽證的機率會高得多。

*

回到烏魯木齊後，我們開始探聽赴歐洲旅遊事宜，最後決定報名參加烏魯木齊一間旅行社籌畫的維吾爾人旅遊團。旅遊團會在十五天行程內，環遊義大利、德國、比利時、荷蘭、法國和土耳其。每個人都會拿到義大利簽證。跟團費用雖然挺貴，但如果去一趟歐洲就能取得美國簽證，那非常值得。瑪爾哈巴的父母親答應在我們出國期間照顧阿斯娜和阿爾米拉。

四月二十六日上午，我和瑪爾哈巴抵達烏魯木齊的地窩堡國際機場，與其他十八名維吾爾團客會合。旅行社指派一名與我大約同齡的維吾爾男人擔任導遊，我們在他的指引下託運了行李、通過安檢、排隊等待通關。

就在這時，一名年輕的維吾爾歌星行色匆匆走來。這位歌手在維吾爾音樂界開創獨特風格，最近因為在電視歌唱競賽節目上表演中文歌曲拿下亞軍，在中國各地走紅起來。十年前他才剛開始唱歌時，我製作過他的音樂影片。

那些忙著查驗護照的年輕漢族海關人員一看到他，紛紛停下手上的工作，崇拜地盯著那位歌手瞧。歌手走近我們的旅遊團，向其他人點頭致意後，和我握手說他正要去土耳其開幾場演場會，樂團其他成員已經在伊斯坦堡等他了。

與此同時，幾名女性海關人員挨近歌手，問能不能和他合影，他興高采烈擺出姿勢與她們合照。在當前漢族對維吾爾人的看法日趨陰暗的時候，看見這些漢族海關人員如此仰慕這名歌手，著實令人驚奇。因為歌手拿的是頭等艙票，他一溜煙就通關走向了登機門，不必像我們其他人一樣排隊等候。

輪到我時，我把護照和身分證遞給海關。他仔細檢查我的身分，抬頭對照我的長相和照片，接著問我為什麼我的住址在烏魯木齊，身分證號的地址碼卻是北京。我解釋說我是在北京讀書時領的身分證，後來雖然回到烏魯木齊，身分證號也一直沒改。他一定遇過類似狀況，因為他馬上就聽懂我的解釋，認為是合理的。但這種情況畢竟少見，尤其是在維吾爾人身上，所以不免引起他注意。

海關把我叫出隊伍，請我在一旁的辦公室門外等候。看樣子一時半刻是結束不了的，於是我坐進一張椅子。旅遊團其他人都看向我，瑪爾哈巴的臉上難掩擔憂和洩氣的陰影。我對她笑了笑。其實我的心情挺平靜的。

海關喊了另一名官員過來，把我的身分證交給他，又悄聲說了些話。官員接過我的身分證後走進辦公室，一兩分鐘後，我們團內另一個人，一個來自莎車縣的商人，也被叫來和我一起等。他隨我坐到了我旁邊的椅子，渾身散發焦慮。

除了我們兩人，旅遊團其他人都順利通關，到關哨出口另一側等我們。過了十來分鐘，剛才的官員從辦公室走出來，沒說半個字，只是把身分證還給我們。莎車縣的商人鬆了一口氣，圓胖的身軀匆匆從旁經過我，跑向關哨出口。

是夜，我們在伊斯坦堡阿塔圖克機場降落。這是我和瑪爾哈巴第一次踏足外國的土地。十九年前，我留學伊斯坦堡的夢想未果，還為之付出慘痛代價。夾雜在這些念頭之間，我感覺心中湧上強烈的興奮，還有一絲遺憾。

「你上一次想來伊斯坦堡沒來成。」瑪爾哈巴微笑著說：「現在你終於來了。」

通過機場海關後，導遊把我們的護照一起收走。中國政府深切擔心民眾會趁海外旅遊期間逃亡。萬一有旅客逃走，不管是哪一間旅行社都得受罰。因此整趟行程中，我們的護照都得交由導遊保管。只有需要的時候，例如登機或在免稅商店購物，我們會向他取回護照，事後再還給他。

第二天下午，我們從伊斯坦堡飛往羅馬。之後遊覽車載著我們巡遊羅馬、梵諦岡、威尼斯，然後離開義大利，北向遊歐。八天的行程間，我們在經過的每一座城市——慕尼黑、布魯塞爾、阿姆斯特丹——匆匆遊覽兩三個重要觀光景點、拍拍照後又繼續向前挺進。與其說這是旅遊，還更像跑馬拉松。

我們走訪的很多地方都沒有維吾爾餐廳，有時候任何形式的清真餐廳都很難找到。我們從烏魯木齊帶去的烤饢這時便派上用場。每晚我們都又累又餓，拖著身子回到飯店。雖然這麼說，我們仍非常享受這趟旅程。我們終於用自己的雙眼，看見從前只在書上讀過或電影裡看過的地方。

五月四日上午，我們離開布魯塞爾前往巴黎。米爾沙特、古麗娜爾和他們的孩子在那裡等我們。我們定了遊歐計畫後，聯絡了家住瑞典的米爾沙特和古麗娜爾，他們特別安排南下飛到巴黎與我們碰面。

我們在近午時分抵達巴黎，隨行程參觀了羅浮宮，接著逛了那一區的幾家香水店，晚餐在多蘭維吾爾餐廳用餐。我們一團走進餐廳，我就看到米爾沙特和古麗娜爾在等我們。他們十歲的兒子和六歲的女兒也跟來了。我們擁抱問候。沒記錯的話，我跟米爾沙特和古麗娜爾已經十年多不見。這段時間他們不曾回新疆，心中很想念家鄉和朋友。古麗娜爾和瑪爾哈巴雖然沒見過面，只透過微信交談，但此刻也像老友般擁抱，彼此眼眶都泛著淚。我們後來才知道，當時旅遊團的其他團員都以為我們是親戚。我們兩家人坐下來共享羊肉抓飯。旅程中我們一直很想念維吾爾食物，眼前這一盤巴黎的羊肉抓飯，此時嘗在嘴裡格外美味。

隔天上午，旅遊團按照行程搭船遊覽市區的塞納河段。艾菲爾鐵塔在附近時隱時現。一尊迷你版的自由女神像兀自立在一座小島上。船從一座又一座的橋下通過，我不禁想起一代詩人保羅．策蘭（Paul Celan）。他對青年維吾爾詩人一直深具影響。策蘭的名詩《死亡賦格曲》（*Death Fugue*），靈感來自他自己和其他歐洲猶太人在納粹種族滅絕時期的經歷，就我所知，那首詩至少被譯成維吾爾語三次，也曾經是維吾爾線上文學論壇熱切討論的主題。

我在九〇年代初第一次讀到策蘭的詩。從那之後就到處蒐羅他詩作的中譯本。我反覆讀了又讀幾首最喜歡的詩，每一次讀都覺得像是重新遇見。

策蘭曾以流亡者身分在巴黎生活多年，很多詩也是在這段時期寫下的。我知道一九七〇年四月的一天，就在我出生後沒幾個月，策蘭從橋上縱身投入塞納河，了結了他的生命。那座橋說不定就是我們經過的其中一座。要是我在巴黎時間充裕，我很想走訪保羅・策蘭之墓。

眼望塞納河悠悠流淌，我不由得想起策蘭的詩《法國記憶》（*Memory of France*）。

他走出房門，雨也跟了出去。
我們已死去，卻仍能呼吸。

十一　彼岸

見到米爾沙特和古麗娜爾，對我們的意義遠大於在巴黎街頭漫步。那日下午，為了能多點時間和他們相處，我們徵得導遊同意，在當天剩餘的時間脫團活動。

我們與米爾沙特和古麗娜爾一家人碰面後，在巴黎街頭閒逛了一會兒才回到他們下榻的旅館，我趁此機會打電話給我人在美國的朋友居熱提。在巴黎的旅館房間內用米爾沙特的手機，讓我總算能和居熱提自由自在聊天，那是在新疆通電話根本做不到的。居熱提又一次催我趕快移居美國。我跟他說，我和瑪爾哈巴還沒決定移民美國，就算決定了，首先我們還需要拿到美國簽證。

之後，我們在旅館房間跟米爾沙特和古麗娜爾喝茶聊天。他們說明當初何以離開家鄉，又怎麼會落腳瑞典。

米爾沙特率先起頭，但古麗娜爾很快就不滿意他的敘述，把話頭搶過來。之後他們便輪流說話，互相糾正或幫對方補充。

二〇〇二年，米爾沙特一個熟人向在德國的朋友傳達一些資訊：他們的市政府一直在查禁和焚毀宗教及「種族」主題的書。那位德國的朋友後來把消息分享給西方新聞媒體。中國國安單位聽聞風聲，逮捕了米爾沙特的熟人，他在驚恐之下立刻招認。警方對他說只要他透露幾個懷有強烈種族情感、反國家的維吾爾幹部，就可以免除罪責。他第一個出賣的就是米爾沙特。

米爾沙特雖然在政府單位工作，但和朋友相處時，他就和很多維吾爾知識分子一樣，習慣把對維吾爾人權益被踐踏的不滿說出來。他不止一次議論道：「遲早有一天，美國會擺平中國。」

警察找上了米爾沙特，他矢口否認說過反政府的話。但警察表示他們盯上他一段時間了，知道他多次批評國家政策，也知道他對美中關係的看法。聽到警察提起那位熟人的名字，米爾沙特就知道自己被出賣了。幸好他只是受到嚴厲的警告就被釋放，但這下他也知道自己受到監視。他和新婚才三個月的古麗娜爾決定離開這個國家。

他們向海外的朋友取得邀請信，申辦了護照，接著向一位叔叔解釋處境。他們這位叔叔是一名富裕的地毯商，答應借他們一萬元。他們計畫應米爾沙特的哈薩克朋友之邀，先前往哈薩克。哈薩克簽證相對容易取得，他們到了那裡再前往歐洲。

二〇〇三年一月，他們未通知工作單位，向烏魯木齊的哈薩克領事館取得旅遊簽證後，搭機飛抵阿拉木圖。這是他們第一次出國，中國之外對他們全然是新世界。在阿拉木圖的一個維吾爾熟人答應替他們辦理歐洲簽證，協助他們上路。他們給了他一千美元，那人卻讓他們等了半年，期間他們哪裡也不能去。而且三月底美軍進攻伊拉克，哈薩克的歐盟領事館因此限縮簽證政策。眼看米爾沙特和古麗娜爾從哈薩克入境歐洲的希望愈來愈黯淡，等了六個月，他們才發現那個熟人騙了他們。

約莫同時，一個意外的好運降臨，他們向哈薩克的伊朗領事館拿到簽證。但才抵達伊朗，他們就感受到中國對這個國家的強勢影響。他們不禁擔心起來。就連向德黑蘭的土耳其領事館申請簽證，對方也要求他們提供中國使館核發的證明。不用說，那是不可能的事。

他們把各種正常入境土耳其的方法查了一遍，最終只剩下一個選項，就是非法入境。他們開始打聽難民偷渡業者。

從德黑蘭前往大布里士的路程，他們雇到幾個庫德族偷渡業者，趁夜騎馬抵達。一路上五十多位計畫偷偷跨越邊境的巴基斯坦人和阿富汗人紛紛加入，大夥裝扮成庫德族人，白天藏在山中，入夜後才循小路往土耳其邊境移動。飢餓、口渴、疲勞接連襲來。當糧食吃完了，他們得用高價向山間小販買優格和麵餅。真的口渴了，就喝水窪裡的汙水。古麗娜爾是一群人中唯一的女性，在整趟旅途中，不只一個壯漢勞累倒下，但她毅然向前，而且不停鼓勵米爾沙特。沒有人幫得了承受不住跋涉之苦的人，一旦他們落後脫隊，很容易淪為山間盜賊土匪的獵物。

途中，他們一度遇到幾名武裝庫德族走私販子，對方質問米爾沙特：「你是穆斯林嗎？」米爾沙特回答自己是。那幫人不信，搜起古麗娜爾的手提包，卻在裡頭找到穆哈默德·薩利赫·哈吉譯的維吾爾文《可蘭經》，頁緣印有阿拉伯文。那本《可蘭經》救了古麗娜爾和米爾沙特。在阿拉木圖和德黑蘭，他們攜帶的行李一次次遺失或遭竊，連他們自己都很意外那本《可蘭經》竟然一直還在古麗娜爾的手提包裡。

那幾個庫德族偷渡業者討厭土耳其。他們聽說米爾沙特和古麗娜爾會中文，又計畫去土耳其，咒罵了土耳其幾句，然後建議米爾沙特和古麗娜爾留下來和他們合夥，一起讓中國難民填滿土耳其。他們答應會讓米爾沙特和古麗娜爾有錢。米爾沙特禮貌回答他們在土耳其還有親戚等待。

他們走了五個晚上，終於在半夜跨越邊境，進入土耳其凡省。當晚他們就和其他難民一起睡在牛欄裡。隔天，難民偷渡業者以每人一百美元費用，在他們的護照上蓋章，表明他們是一周前抵達阿塔圖克機場的。萬一路上有土耳其憲兵攔查，他們可以說是要去參觀著名觀光景點凡湖。就這樣，偷渡業者送他們上路前往伊斯坦堡。

他們搭乘城際巴士，沿路通過無數檢查哨，護照多次經憲兵檢查，但憲兵都沒認出假造的章，或許因為護照本身是真的吧。終於，他們平安抵達了伊斯坦堡。

在伊斯坦堡接應的維吾爾族朋友，讓米爾沙特和古麗娜爾感受到歡迎款待，也提供相當程度的協助。但當時土耳其經濟不振、失業率高且通膨嚴重。他們請地毯商人叔叔又寄來一萬元，開始制定赴歐洲的計畫。但因為無法取得簽證，他們在伊斯坦堡足足逗留了七個月。眼看錢又要空了。漸失希望的古麗娜爾開始吵著要回新疆。但米爾沙特指出要是現在回去，他們絕對會被關進大牢。古麗娜爾被說服了，另外，她也懷孕了。

他們向認識的人打聽到一條通往希臘的航路，於是米爾沙特和古麗娜爾離開伊斯坦堡，前往伊茲密爾省的城鎮切什梅。從切什梅的海岸邊能看見希臘本島的燈火。他們付了難民偷渡業者一千兩百美元，在切什梅等了幾天。之後在一天夜裡，偷渡業者送他們和其他近二十名難民，坐上本來僅供四、五人乘坐的破舊小艇，難民中男女老少都有。黑暗中船往對岸的燈火行進，划船的是其中一個難民，偷渡業者在白天才教他，讓他稍微練習過。他們在浪上顛簸兩個小時後到達彼岸，為了能安全抵達希臘欣喜若狂。

但才剛踏上岸不久，他們就發現自己被土耳其憲兵包圍。原來夜裡漆黑的海上，幾乎四面八方都能看到光，他們不知不覺間迷失方向，又划回土耳其岸邊。

憲兵一個一個問難民來自哪裡。一聽古麗娜爾和米爾沙特是維吾爾人，立刻通報隊長說現場難民中有兩個突厥人，其中一人還懷有身孕。隊長第一時間隨他呼叫的救護車趕來。他對待米爾沙特和古麗娜爾像家人一樣，請他們吃了烤火雞肉串，還帶古麗娜爾去做免費檢查。醫生告訴他們母子都很健康，她懷的是男孩。

隊長極力主張他們別去歐洲，應該留在土耳其讀個大學。他帶他們到移民局做了登記、留下指紋，之後便放他們走。米爾沙特跟他說，他們沒有土耳其居留許可，隊長說：「你們是維吾爾人，這就是居留許可。土耳其是突厥人的祖國。這裡沒人會驅逐你們。你們只要走進移民處申請，我相信他們絕對會發給你居留許可。要是遇到麻煩就來找我。」他遞了張名片給米爾沙特。

他們回到伊斯坦堡。古麗娜爾的肚子一天天變大，他們的存款一天天減少。因為初來乍到，他們的土耳其語還說不好，需要維吾爾社群裡較有名望的成員引薦才方便找工作。但當時，土耳其的維吾爾社群對中國抱持強烈恐懼，猜疑揣測無所不在，隨時都有人懷疑剛來的人是不是中國派來的間諜。米爾沙特和古麗娜爾向伊斯坦堡其他維吾爾人求助時就吃了閉門饔。他們決定再度冒險嘗試赴歐。

古麗娜爾兩人回到伊茲米爾省。在那裡觀望了幾個月情勢，等待下一次逃往希臘的機會。他們不好意思再向叔叔要錢，但破產是事實，他們只好請求烏魯木齊的另一個親戚再匯了些錢來。

終於，他們決定付錢給另一名偷渡業者，讓他們循同一條船路從切什梅前往希臘。偷渡業者教了米爾沙特一些操控小船的技術。到了天氣清朗的一晚，米爾沙特和古麗娜爾加入其他六個從阿富汗逃出的烏茲別克難民家庭，其中許多人還帶著幼小的孩子。所有人擠進一艘小漁船，又一次往希臘本島出發。

他們在海上航行一個多小時後，天氣忽然驟變下起豪雨，海面揚起大浪。船上的人驚恐哭號，猶如審判日降臨。米爾沙特和古麗娜爾低聲念誦起可蘭經文，請求真主庇佑。古麗娜爾這時已有七個月身孕。

十多人擠在一艘僅供四、五人乘坐的船上，代表船嚴重超載，只要一道浪橫向衝擊船身，船肯定會翻覆。以雨勢猛烈和天色昏暗的程度，所有人肯定會溺死。在這一帶海域，翻船的悲劇十分常見。難民拿起空瓶子、塑膠袋、鞋子、帽子、雙手，用一切能裝水的東西舀走船上的雨水。

他們很幸運。歷經千辛萬苦，終於登陸希臘本島海岸。米爾沙特和古麗娜爾找到一片公園，躺在長凳上小寐了一會兒，然後才搭乘渡輪前往雅典。

下船後，他們在原地呆立許久，不確定該何去何從。他們搭上往市中心的火車，在市區看到許多阿富汗和巴基斯坦移民向遊客兜售一些廉價的中國產品。米爾沙特四處問路，被指引到了阿富汗人集會的清真寺，附近滿是阿富汗人、巴基斯坦人、中國人經營的商店，以及形形色色的餐館。

古麗娜爾這時候挺著大肚子。有個從阿富汗來的烏茲別克青年帶他們到當地一所醫院，古麗娜爾決定到時就在這裡生產。他們先去當地派出所登記，取得身分文件。烏茲別克語和維吾爾語很相近，於是古麗娜爾和米爾沙特在那名烏茲別克青年的建議下，當起烏茲別克和中國商人之間的通譯，賺到一些錢，生活條件慢慢有起色。

但希臘景氣低迷。米爾沙特和古麗娜爾看到其他移民找工作多有困難，決定還是繼續往北走。瑞典的熟人也敦促他們夫妻倆過去。同時，古麗娜爾的寶寶預產期也到了。她在烏茲別克青年推薦的那家雅典醫院生下孩子。

二〇〇四年，歐洲國家盃足球賽在六月開踢，希臘隊表現亮眼。七月四日當天，希臘隊與葡萄牙隊爭冠。希臘邊境管制衛兵幾瓶啤酒下肚，盯著電視轉播賽事目不轉睛，米爾沙特和古麗娜爾抓準這個機會，對心不在焉的衛兵晃了兩下他們的假簽證，成功通過邊境，搭上往義大利的船。

他們到達義大利後，又北上跨越德國和丹麥去到瑞典，在那裡總算安頓下來。直到了那個時候，他們才終於覺得安全。

當他們申請哈薩克簽證時，說自己是哈薩克人；從伊朗非法跨境進入土耳其時，他們裝扮成庫德族人。在土耳其，他們自我介紹是維吾爾突厥人，也因此成為土耳其人。在希臘，如果有人問起他們從哪裡來，他們總答說自己是韓國觀光客。而到雅典後，他們登記為烏茲別克裔的阿富汗難民。只有在抵達瑞典後，他們終於覺得能安心登記自己的身分。他們是維吾爾人。

聽著他們的故事，我們的心情也隨事件波折起伏。有時莞爾，有時低迴。故事才開始不久，古麗娜爾和瑪爾哈巴已經哭了出來。家父長制的維吾爾社會總認為男人流淚是可恥的，所以很少會見到男人哭。但當故事一直說下去，米爾沙特和我也都難以自已。他們十歲的兒子大概覺得我們掉眼淚很新奇，盯著我們倆笑得很開心。他還是個孩子，不明白父母為了自由出生入死有什麼樣的意義。他不知道他能平安在雅典出生是個奇蹟。

米爾沙特和古麗娜爾抵達瑞典後，學會說流利的瑞典語，也學習了新的職業技能，現在在公營服務機構有全職工作。他們後來有了另一個孩子，是個女孩。現在他們生活平靜，家庭美滿。「我們現在只為一件事憂傷，就是很想念家鄉。」古麗娜爾對我們說。

這是我們最後一天相聚，我們誰也捨不得道別。等他們動身陪我們回旅館時，天已經黑了。我們在附近找到地鐵站，查看地圖後，搭上往我們旅館方向的地鐵，過了五站才發覺搭錯車了。就在我們兩家人在月臺上研究地圖，討論該搭往哪個方向時，有個三十多歲的土耳其男人向我們打招呼。土耳其語和維吾爾語很相似，男人聽得懂我們說的一些話。我們向他解釋窘境，他說我們剛才搭錯方向了，我們要去的地方與他同向，不妨一起去吧。

我們一路與男人閒聊。米爾沙特和古麗娜爾在土耳其待過幾個月，和他交談十分輕鬆。我們解釋了維吾爾人在中國受到的壓迫。男人在巴黎出生長大，目前在建築業工作，他也把土耳其人在法國受的歧視說給我們聽。他說如果現在的土耳其總統艾爾段會繼續掌權，他有意移民土耳其。

他要去的地方會比我們早兩站下車，但基於手足情誼，男人陪我們繼續坐到站。分別前他把手上的念珠送給我，從我們見到他起，他一直在盤玩那串念珠。我很感動，可惜身上無以回禮。我們相互擁抱道別。走出地鐵站我才意識到，我一直沒有問他的名字。

終於找到旅館已經是半夜了，我們站在門外，與米爾沙特和古麗娜爾擁抱說了再見。

隔天傍晚，我們的班機在伊斯坦堡降落。維吾爾人做為突厥民族，對土耳其特別有一種親近感，這趟旅途有機會一睹伊斯坦堡，對我們別具意義。接下來兩天的行程，我們在市區漫遊，參觀多個觀光景點。我一個住在其他土耳其城市的維吾爾朋友也來找我們。我和朋友趁瑪爾哈巴繼續在市區觀光，坐在海邊細聊家鄉的局勢。他幫我買了一把巴拉瑪琴，那是土耳其很盛行的一種七弦樂器。我在烏魯木齊的一位音樂家朋友請我帶一把回去。

星期五傍晚，我們搭上回烏魯木齊的班機，隔天中午前後抵達。我從空服員那裡取回巴拉瑪琴，走在機場時斜背在身上以策安全。

過海關安檢時，與去程相同的問題又發生了。輪到我時，中年的漢族海關人員要我拿出護照和身分證，看過之後她問我，我的住址碼怎麼是北京。我又耐心解釋了一遍。

她瞄了一眼我肩上的樂器。「你在北京學音樂嗎？」

「對。」我答得毫不猶豫，雖然是謊話。

她開心得覺得自己很聰明，在我的護照上喜孜孜蓋了章，遞還給我。就這樣，我們安然通過海關。

回到烏魯木齊不久，我和幾個朋友聚餐。剛旅遊回來總是新鮮，我一個勁兒對他們講述歐洲印象。帕爾哈提·吐爾遜這時忽然開口：「我們不能聊點別的嗎？每次聽人講出國如何如何，我就覺得椎心，好像聽人談論一個我深愛卻娶不了的女人一樣。」大家哄堂大笑。
「你也該去弄一本護照，有機會去旅遊啊。」他臉色一沉，說：「政府不會放我離開的。」
我們全都啞然無語。

迷失在巴黎

動也不動如同石造的門，我凝望著
鐫刻的姓名在陌生街道的天空
周圍的城市吐沫使我暈眩
浸濕我以冷汗和冷雨
我尚未熟識，已迷失在她之中
我真的迷惘
我明白
黑夜中總在艾菲爾鐵塔旁定睛聚焦
也難如它勇敢探入塞納河
從泥濁渾水中釣出命運

因此在惡臭的舊地鐵與
時光般損耗的鐵門把間
我看著

地圖纏結的路線乍見混亂
如那粗野老流亡者的舉止與那傳家之寶
三十八歲無名土耳其人贈予的念珠
在我口袋一無用處輕柔作響
我側耳聽

我經過兩名醉醺醺的阿拉伯店主一名拉丁
美洲裔的計程車司機披薩外送員有人遛著
狗，他們誰也未和我一同迷路
我總感覺

還有新的目的地以及歷史韻事香水藝術美和白日夢等等
我必須棄絕這一切
我理解
巴黎對我低語，噢你這霉運的人
回你來的地方去吧

十二　白紙條與藍紙條

從歐洲回來後，我們聽從李陽的建議，等了足足一年才再度申請美國簽證。二〇一六年七月，瑪爾哈巴、阿斯娜和我搭機飛往北京。阿斯娜前一年底滿十四歲，所以現在必須親自到場申辦簽證，到美國使館留指紋做紀錄。

我們降落在北京首都國際機場後，招了輛計程車前往新疆駐京辦事處，抵達時已將近凌晨一點。

上回我們下榻的旅館沒有空房了。七月是旅遊旺季，住房需求高，不先預訂是不行的。這是我的疏忽。

我們走向新疆辦事處大院裡另一間旅館，夜間旅館門已經上鎖。更遠處高檔的新疆飯店大廳還開著，但燈火熄暗，警衛獨自坐在角落滑手機。一見我們走進來，他揮揮手表示沒有空房。

拖著行李走出大院，我們攔下一輛計程車，前往中央民族大學旁的魏公村街。街上不見半個人影。行李箱在我們身後咯啷作響，我們三個人如幽魂一般在路上晃盪尋找旅館。有幾間小旅店開著，但每一次還來不及問有沒有空房，員工看到我們是維吾爾人，二話不說就先答「沒有」。

我們別無選擇，只能再搭計程車回新疆辦事處。我們回到第一間旅館，再度詢問有沒有空房，傻傻盼望或許會有房間空出來。門房告訴我們，有幾間客房到天亮後有空。

現在沒辦法，只能坐在旅館外頭小樹林下的石凳等到天亮了。我們把行李箱放在腳邊，頹然坐上石凳。那時正逢北京一年最濕熱的時節，我從學生時代就對城市中狡猾的蚊子再熟悉不過，現在這些蚊子餓得猖狂。蟬沒完沒了地鳴叫，令我們神經耗弱。

瑪爾哈巴和阿斯娜從沒遇過這樣的濕熱，哀聲抱怨說好像在溫室裡。瑪爾哈巴喘著大氣。蚊子向來偏愛叮阿斯娜，她坐在那裡不停揮趕蚊子，愈來愈不耐煩。除此之外，我的肚子也餓得咕嚕叫，可以想見瑪爾哈巴和阿斯娜一定也很餓。我一次次嘗試說些安慰的話，但每個字迴盪在耳中都覺得奇怪。疲憊、不適、濕熱，我缺乏睡眠的腦袋沉重異常。我希望沒有人看到我們這麼不堪的樣子。

「塔依爾．哈穆特。」瑪爾哈巴苦澀地說。「萬一他們這次還是不發簽證給我們，以後再也不要向我提『美國』兩個字！」

到了早上，我們入住旅館房間，一直睡到中午才醒。隔天我們去了美國領事館。李陽按照約定，來到大使館門外與我們碰面。

這次隊伍排得比上一次還長。我們在隊伍中緩步前進兩個多小時，指紋也按了，終於再一次來到簽證官所在的走廊。

「說不定這次我們能分到男的簽證官。」瑪爾哈巴低聲說。「為什麼這麼說？」阿斯娜問。「女的小心眼。」瑪爾哈巴回答。我噗哧竊笑。

瑪爾哈巴的願望沒成真，我們被引向一名女簽證官的窗口。她一頭金髮，長相漂亮，和我們上次見到的官員很像，只是比較年輕。

我把我們的四本護照遞給她，手上同時備好其他資料，以防她要求看。

「你們為什麼計畫去美國？」她用字正腔圓的中文問。

「家庭旅行。」我平靜回答。

女簽證官從四本護照中挑出我的，對照電腦資料檢查內容，然後放下護照，往電腦裡敲了一些字。之後再度拿起我的護照，翻到義大利簽證那一頁，從脖子上的墜繩拿起一支筆狀儀器，點按在簽證上，儀器發出藍光。我心想她一定是在檢驗簽證的真偽。

女簽證官放下護照。「你的公司在烏魯木齊嗎？」她問。「是的。」我回答。「你住在烏魯木齊？」我答說沒錯。

她又往電腦輸入些什麼。接著目光沒有離開螢幕，手伸過檯面取走另外三本護照。我升起興奮的心情：這是簽證申請會被核准的徵兆。簽證一旦核准，護照會被留下，待貼上簽證後再郵寄還給本人。

片刻後她抬起頭，對我們微笑說：「恭喜！美國觀光簽證會核發給你們。」她雙手靈敏地一動，拿出兩張藍色紙條。我深吸一口氣，默默在心中鬆了口氣。阿斯娜開心得站不住。瑪爾哈巴的笑靨更綻放得像一朵花。我們向簽證官衷心表達感謝後走出使館外。我們帶來的那些資料到頭來都不需要。

「給我拿。」走出使館時，阿斯娜抽走我手裡的藍色紙條。「我想在經過的時候炫耀一下！」

我們經過排隊等待進入使館的人龍，阿斯娜說到做到，得意洋洋高舉著藍色紙條讓大家都看到。

離開使館後，我第一件事就是發一段語音訊息給我在美國的朋友居熱提，分享好消息。「太好了！」他興奮地回答。李陽也熱情恭喜我們。

我們招計程車回旅館。「爸，」阿斯娜說：「簽證官檢查護照的時候，你的心跳聲大到我都聽得見。」

＊

取得美國簽證一個月後，陳全國受命擔任維吾爾自治區黨委書記。維吾爾知識分子立刻繃起神經，因為陳全國先前出任西藏自治區黨委書記時，曾嚴厲鎮壓西藏異議人士。我們推測這樣一個官員只會為維吾爾自治區帶來嚴苛政策，我們的不安與日俱增。

現在我們有簽證了，居熱提開始催促我們加緊決定。可是我們對於移民美國仍未下定決心。居熱提堅持說既然有機會，我們至少應該先去美國看看。我打電話詢問李陽，他說旅遊旺季過了，現在機票相對便宜。瑪爾哈巴和我決定去一趟十五日行。

買機票前，我們先和居熱提商量過，旅程大多數時間我們會借宿在他位於北維吉尼亞州的家。接著我寫信給朋友卡米爾，他在印第安納大學當訪問學者。聽到我們要去美國，他很高興，我們也開始計畫和他在印第安納州碰頭。那個時候，美國民族音樂學者伊莉絲·安德森（Elise Anderson）也在印第安納大學攻讀博士學位。她從二〇一二年起在新疆待了大約三年，研究維吾爾音樂。那三年間我們關係友好，聽說我們要去印第安那州，她邀請我在她的大學舉辦一場詩歌朗誦會。我欣然答應。

行前準備並未花太多時間。我們對歐洲行遇到的飲食考驗仍記憶猶新，所以這次為路途打包了兩箱饢餅。對維吾爾人來說，饢餅並不只是食物，還有豐富的象徵意義。新婚夫妻要各咬一口沾過鹽水的饢，人們有時也會用饢餅起誓。饢餅不可以正反面顛倒放，也不可以踩在腳下。去別人家作客，饢餅是高貴的禮物。長輩都說：「饢是旅行良伴。」建議只要遠遊都該帶上饢餅。我們推測清真食物在美國可能不好找，就算不會吧，我們知道那些在美國的維吾爾朋友一定很想念家鄉的烤饢。

九月中，我們飛抵北京。在新疆辦事處的旅館住了一晚，翌日早上我們回到北京首都國際機場，順利通過海關安檢，經過十八小時航程後，我們抵達美國華盛頓特區的杜勒斯國際機場。在入境海關時一名海關人員指著我那兩箱饢餅。

「裡面是什麼？」

「食物。」我回答。這是少數幾個我知道的英語單字。

「什麼樣的食物？」他問。

我不知道怎麼解釋。幸好他一問完又繼續和另一名人員說話，讓我有機會慢慢想。我想表達饢餅是用小麥做的，站在那裡苦思小麥的英語是什麼。

瑪爾哈巴走向我。「他剛才說什麼？」

「他問我箱子裡裝的是什麼。」我沮喪地回答。

「你怎麼不直接跟他說是饢？」她稍稍提高了音量。

那名海關人員一聽見「饢」這個字，隨即揮手允許我們通過，轉身又繼續與同事聊他們未完的話題。我既驚喜又意外，海關居然知道什麼是饢餅。走出入境關門，我們就看到了居熱提和他太太。他們一直焦急地等待，擔心只要有延誤都可能代表我們出事了。

我們擁抱問候，然後把剛才在海關發生的事重述了一遍。他們說美國幾乎人人都知道饢餅，不只維吾爾人當作主食，其他諸如中亞、南亞、中東許多族群也會吃。

很多維吾爾人定居在北維吉尼亞州華盛頓特區的郊區，這裡因此有美國最大的維吾爾社區。就我所知原因有二。首先，華盛頓特區作為首都，維吾爾人在這裡可以投入政治倡議，維吾爾政治活動人士因此大多住在這一區。第二，這裡有自由亞洲電臺。這個電臺的創立宗旨，是了為言論受限的國家人民提供未經篩選的新聞，從一九九〇年代末開始，電臺會播放維吾爾語新聞報導，我們家鄉有眾多收聽者。有些在華盛頓特區的維吾爾人為這個維吾爾語新聞服務工作。華府特區的維吾爾族群以電臺員工和政治倡議人士為中心發展起來，至今已有四、五千名從事各行各業的族群人數。

也因此在中國政府眼中，北維吉尼亞州是「分裂分子的巢穴」，棲息了無數名維吾爾族獨立倡議分子。前往華盛頓特區觀光的維吾爾人，會被中國當局警告不可與當地的維吾爾人混在一起，也不可走訪他們居住的區域。旅遊公司也會特別注意這點。

有鑒於此，我們在美國的十五天只與特別熟識的幾個家庭見面。不用說，就連這些聚會也不能不低調行事。我們見的朋友包括維吾爾自由倡議人士以及一些自由亞洲電臺的員工，該電臺被中國政府斥為「敵方電臺」。更大的問題是，這裡的維吾爾人懷疑社群裡幾個成員是中國政府派來的間諜。若真是如此，那我們可得小心，否則我們還沒回烏魯木齊，中國的國安警察已經知道我們見過誰了。

不過，我們確實和見面的那些朋友天南地北無所不聊。我們拜訪的人大多數到美國後就沒有再回過新疆，他們很想念家鄉，也急著想知道親朋好友近況。但家鄉的局勢每況愈下，沒有多少好消息可說。常常我們開啟話題時很興奮，卻在深深的喟嘆中結束對話。

居熱提是美國維吾爾協會的董事會委員，有一天，他邀請協會主席伊利夏提到他家與我認識。我和伊利夏提鉅細靡遺聊了許多維吾爾人遭遇的困境，以及家鄉知識分子的處境，尤其聊了伊力哈木的事。居熱提也跟伊利夏提說，我正在考慮舉家移民美國。散會道別時，伊利夏提轉頭對我說：「你最好別來。」我沒問他何出此言，他也沒再多做解釋就走了。我想他的意思是像我這樣的維吾爾知識分子，留在家鄉能為我們的民族做更多事。現在我仍不時會想起伊利夏提對我說那句話時，臉上若有所思的神情。

幾天後，我們去到印第安納大學，卡米爾出來迎接我們。我和老友擁抱問好。卡米爾的太太穆尼拉還留在烏魯木齊，他們九歲的女兒圖瑪莉絲見到瑪爾哈巴，就像見到自己媽媽一樣開心。

詩歌朗誦會舉辦在某棟教學大樓一樓的演講廳，開放給公眾參與。牆上有一面大螢幕投放出我的相片和朗誦會主題「夏天是一場陰謀」，這句話取自我的一首詩。與會聽眾有二十到三十多人，多數是學生。

伊莉絲．安德森簡短介紹過我後，我們開始以維吾爾語和英語輪流朗誦八首詩。第一首詩我朗誦《夏天是一場陰謀》。伊莉絲複誦英譯時，我望向席間認真聆聽的學生。我這首詩也是在學生時代寫的，如今那段時光的回憶如潮水般湧來，那樣充滿希望、滿心昂揚的情感，以及對生活懷抱的熱忱。當年的我從沒想過有一天會在美國的大學朗誦我的詩。

從印第安納州回來後，居熱提帶我們去逛了幾間購物中心。我們在商店間閒逛，到處看看價格。因為居熱提一天到晚催促我們移民美國，我們想或許是該瞭解一下這裡的生活條件。我們四處詢問維吾爾人在美國都怎麼謀生，也打聽房價和物價。

在華府購物時，瑪爾哈巴一直忙著把價錢換算成人民幣。我笑她把時間花在這些無謂的事上頭，誰料到她一個英文字都不會，竟成功和商家討價還價。她沒有浪費時間去想在一個陌生國家議價恰不恰當。以往在家，她心狠手辣的殺價常令我冒冷汗，我總會尷尬地躲到一邊。好幾次我跟她說，殺價殺這麼兇不太禮貌，她會反問我：「我們賺這些錢難道容易嗎？」雖然這根本是兩回事，但老實說，這些年來我們一家能經濟穩定，靠的就是她的錙銖必較和勤儉持家。她總是會努力找到品質高又不貴的商品，每次為了價錢都會貨比三家。她認為為此花點時間、忍受不便是值得的，而且她記住價格的能力令我嘖嘖稱奇。對瑪爾哈巴來說，這是她考驗自己的方式，也是她自傲的來源。我們兩個女兒也在她指導下追隨母親立下的模範，她們買東西一樣很謹慎，從不亂花錢。

如果要在陌生的國家展開新生活，可想而知勤儉持家的重要性會更大。我們一個朋友目睹瑪爾哈巴的家務理財能力，堅定地宣告：「看樣子，你們移居到美國來，生活也會很順利。」對一個還為了是否要到國外生活感到猶豫的家庭來說，這句簡單的話意義非凡。

十三　風暴來臨

美國之行雖然讓我們留下美好回憶，我們卻還沒準備好放棄一切搬到海外。但往後半年，中國政府對我們家園的壓迫水漲船高，終至展開大規模逮捕維吾爾人的行動，我們的看法也有了轉變。經歷過派出所地下室那次令人恐懼的經驗後，我們開始低調準備離開這個國家。我們託付李陽訂了赴美的機票，又在黑市用人民幣換了些美元。現在就差幾星期，等女兒開始放暑假，我們全家要去美國玩的故事會更有可信度。只是我們必須祈禱夏天到來前不會出什麼亂子。

二〇一七年六月中，烏魯木齊的天氣轉熱。公司那邊如果有事要做，我會盡量在下午稍微涼爽時再過去。有一天下午在公司辦公後，我在傍晚六點左右開車回家。

我一如既往駛出團結路，走外環路到中泉街，往前一小段路後進入南灣街。我沉浸在思緒中一路向前開，回過神才發現路上車速慢了下來。我好奇發生什麼事，打開車窗探頭看。

只見路旁左側有許多武警陸續跳下敞頂運兵車，每個人都佩有自動武器。運兵車後方，有三輛警車在停靠路邊。從警車走下的警官開始指揮武警單位，把所有人分成幾組派往小巷。除了他們，一旁還有七、八名居委會職員，他們頸上掛有藍色識別證，手裡拿著藍色檔案夾。

空氣凝重又緊繃。過去只在電影裡看過的場面，現在卻是日常生活可見的風景。一聲令下，武警快步衝進巷弄，目標是巷道兩旁的小平房。他們不是要搜查住家，就是要逮捕屋裡住的維吾爾人。

烏魯木齊是一座漢族人口佔多數的城市，也是多少受到全球關注的自治區首府。比起我們家鄉其他區域，烏魯木齊的管控向來比較不嚴格，我們在這裡的生活相對安逸。但現在連在首府的生活，也開始往我們不曾想像的方向改變。過去幾個月聽到的恐怖傳言正化為現實。

*

這一個月來，我公司的業務戛然中止。我幾乎沒出家門，每天什麼事也沒做，只是吃飯和睡覺。我漸漸覺得自己像一頭羊，養肥了等著被宰。焦慮持續不斷壓在心頭，我的身體和精神每一天都更加沉重。

我發現自己沒法工作，就連看電視或讀書都無法專心，更遑論寫詩了，想來都覺得可笑。我與太太和女兒也找不到話說，只有傍晚出門散步能帶給我些許寬慰。

「別在外面逗留太久，不然我會擔心。」瑪爾哈巴提醒我，她每天都說同樣的話，怕我會當街被拘留帶走。

我沿著公寓小區前的大街走，路面被夕陽染得血紅。

我每天傍晚出門，希望散步能帶來平靜，卻發現自己總是不由自主想到城裡發生的一切。無數的人被召回家鄉或遣送到再教育營。在這座首府，維吾爾人從來都是少數，現在又更少了。剩下的人都深陷在恐懼和騷亂中。

我繼續走。舊城區的維吾爾鄰里空無人煙。

路上我遇見一個認識的男人，他的名字叫波拉特，跟我一樣是喀什人。他也在晚飯後出門散步。我們招呼寒暄後同行，我告訴他前些天在南灣街上看見的景象。我們一面走，他向我說起他在喀什的家鄉發生的一件事。

五月時，政府要求喀什地區所有維吾爾人交出家中一切信仰物品。多數人懼怕正在發生的抓捕，都乖乖交出與自身信仰相關的物品：經書典籍、禮拜毯、念珠，乃至於衣物。有些虔誠的人不願意放棄他們的《可蘭經》，但在鄰居甚至親戚都相互出賣的時節，留下《可蘭經》的人很快就會被發現並遭到拘留、受到嚴懲。不久前，在波拉特父母的村里，有個七十多歲的老漢意外在屋裡找到一本《可蘭經》，前一個月當沒收令下達之時，他怎麼樣都沒找到那本經書。老漢擔心要是他現在交給村委，對方會質疑他先前怎麼不交出來，於是他拿塑膠袋套住書，把那本《可蘭經》扔進吐曼河。怎料為了安全起見，吐曼河每一座橋底都裝了鐵絲護網。人員清理護網時發現那本《可蘭經》，上交給當局。警察在書裡找到老漢的身分證影本。很多長輩習慣把重要文件夾在自己常讀的書裡，要用時才找得到。警方很快循線追查到老漢，以涉及非法宗教活動的罪名拘留他。不久前老漢才被判處七年徒刑。

波拉特一面講這些，一面不停張望四周。只要人行道上有人走近我們，他就會馬上住嘴。

這樣的故事如今在維吾爾族間何其常見。我們只能用耳語互相訴說。

*

那陣子前後，瑪爾哈巴和我決定去探望她表姐。我們開車前往市區東北角她表姊住的公寓小區。

二〇〇九年烏魯木齊暴力事件後，中國政府實施所謂「棚護區改造計畫」，將舊城區多數維吾爾人的街區房屋全數拆除。很多維吾爾人住屋被強拆後，只換得市郊新建的廉價公寓。

瑪爾哈巴的表姊也在二〇一〇年搬進這種新建公寓。這些公寓充其量只能說是堪住。但先前住在拆遷區的居民現在生計被毀，能有個地方住已經謝天謝地。

瑪爾哈巴的表姊與兒子住在六樓的一房一廳公寓。三年前她和丈夫離了婚，兩年前兒子阿爾曼從大學畢業，拿到公路工程學位。但如同多數維吾爾族大學的畢業生，他也找不到所屬領域的工作，大學畢業後一直四處幹雜活。

晚飯後，阿爾曼告訴我們過去五天裡社區發生的事。這裡所有居民和新疆各區的居民一樣，每天都必須出席升旗典禮。星期一，居委會和警察在晨間升旗典禮發布緊急聯合命令，要求每一戶人家都必須在三天內把所有伊斯蘭物品交給村委，否則後果自負。小區居民頓時陷入恐慌，很多人把《可蘭經》和其他信仰物品交去居委會。有些人則擔心把這些東西交給國家焚毀是罪過，所以把經書和禮拜毯藏在家中。但謠言四起，說警察有特殊裝置能偵測藏匿的信仰物品。藏著伊斯蘭物品的人愈聽愈害怕，於是前晚天一黑，他們開始偷偷摸摸把物品扔進通往小區下水系統的下水道井口。為免人多礙事，他們先躲在樓裡，一個人去扔完回來，下一個人再跑出去，東西往井口一扔就跑回樓內。整個過程迅速且隱密，但因為要扔東西的人太多了，行動持續一整夜。有的人一衝出去就撞上別人，兩個人只好都退回樓內。阿爾曼從窗戶望見這一切，忍不住咯咯竊笑。天破曉後，大家發現不少人沒扔準，屋樓前方散落一地聖物。後來當天上午，居委會員和警員來巡視社區，找了些人問怎麼回事。之後他們從井裡把所有扔棄的物品全部打撈起來，裝上一輛卡車開走了。

沒收民家的信仰物品，特別是《可蘭經》和其他伊斯蘭典籍，這種行動在烏魯木齊各地聲勢愈來愈強。我和瑪爾哈巴討論了該怎麼處理家中的宗教書籍。

我家裡有三本《可蘭經》，維吾爾語、阿拉伯語和中文版本各一本，還有其他伊斯蘭相關主題的維吾爾語版普通書籍。這些都不是禁書，出版時都通過國家核可。但最近有不少過去合法的書淪為違法，讓人根本無從判斷哪些書在許可之列，都是政府說了算。而政府之於我們，就是居委會委員、地方派出所員警或國安單位官員。

「不如就把這些書跟你其他書收在一起。」瑪爾哈巴建議。「你是作家，你說這些書是留著工作參考用的，他們不會反對吧。」

「你真覺得我這樣說，他們會相信我？」

她停頓半晌。「還是我們把書藏起來？」

「那萬一他們在家裡搜到呢?」

「那你說,我們該怎麼辦?」

最後,我們決定把那六本書連同三張禮拜毯,寄放到她阿姨和姨丈家裡去。我們不想冒險在電話上討論,只說我們會去拜訪。出門前,我們把每本書都徹底檢查一遍。

到了他們家,我們說明原委。「好主意,書就收在我們這裡吧。」瑪爾哈巴的阿姨說。「我們老了,」她姨丈跟著說。「我不認為當局會來煩我們,他們知道我們構不成威脅。」我們頓時鬆了一口氣。

過了幾天,我們正在家裡吃中飯,我堂弟穆斯塔法從喀什打電話來。我的心跳漏了一拍。穆斯塔法向來沒要緊事不會打電話。這幾天壞消息從四面八方傳來,我時常擔心在喀什的家人。因此當聽到穆斯塔法劈頭就問我知不知道伊犁的女子監獄在哪裡時,我並不感到意外。伊犁是瑪爾哈巴的家鄉,他想我們可能知道。我問他怎麼回事。

一個月前,他六十多歲的岳母被抓了。六年前,她的一名鄰居為村中婦女開《可蘭經》讀經會。穆斯塔法的岳母因為身體微恙去遲了,當時誦經會已經開始,屋裡坐滿婦女,穆斯塔法的岳母於是席地坐在門口的水泥臺階上。沒多久她覺得雙腿發麻,便回家了。

今年四月,大規模抓捕的勢頭增強,尚未被拘留的公寓住戶,每天傍晚也被強制要求到大廳集合宣讀黨的政策，當局會在這些集會上脅迫人們互相舉報。由於穆斯塔法的岳母六年前在門階上坐了五分鐘，這件事被當作罪由，讓她被舉發抓走了。

昨天她的家人聽說她被判處五年刑期，送往伊犁女子監獄。然而，這個消息不是從政府官方管道得知的，而是這一個月裡他們四處打聽問來的，還需要經過證實。她的家人希望至少能找到她、探望她，為她送上一些藥品和日常必需品。

只可惜我們對伊犁女子監獄一無所知。我跟穆斯塔法說很遺憾幫不了他，然後說了再見。

*

接近六月底一天傍晚，瑪爾哈巴的阿姨打電話來。簡單交換問候後，她告訴我來電的原因。「我們社區有風暴在醞釀，我把那些東西清掉了。」

她的聲音緊繃。我知道她說的風暴是指什麼，住家搜索一定也拓展到她的社區了。維吾爾人由於長年受到政治壓迫，很習慣使用暗語。「風暴」是政治活動；無辜者因大規模抓捕或嚴打暴恐的活動遭殃，叫做「隨風而逝」。家裡來了「客人」往往代表國安特工。有人被抓就是「住院」，治療天數暗示幾年刑期。

「您清掉什麼了？」我問瑪爾哈巴的阿姨。

她壓低嗓音。「你們前些天帶來的東西呀。」

我們經常探望他們，而且遵照維吾爾習俗，通常會送上吃食或禮物。由於最近種種混亂，我好半晌沒聽懂她的意思。「我們帶去的東西？您直說吧。」

「書呀！那些書！」她失望地說。語氣苦澀，但聲音壓得更低了。

「怎麼清掉的？」我掩蓋不住語氣裡的錯愕。

「你別問。」她回答。「我們看著辦了。」

我不自覺想起那些書可能被處理掉的各種方式。他們是燒了、扔了，或藏起來了？我的念頭揮之不去，思緒自動飄向我的朋友卡米爾，多年前他也因為一本書陷入麻煩。

十四　等待在夜裡被捕

六月最後一天中午，我和瑪爾哈巴坐在客廳，無精打采討論午飯吃什麼。我們精神不振，空氣滯悶，什麼食物想來都不吸引人。終於，我們決定中午不做飯，簡單喝點奶茶，配饢餅和沙拉就好。我們默默開始備餐。

瑪爾哈巴這時突然開口：「我已經一個星期沒有穆尼拉的消息了。我在微信留了語音訊息給她，但她一直沒回。你說他們該不會出了什麼事吧？」我聽了有點焦慮。穆尼拉和她丈夫卡米爾是我們的摯友。

大規模抓捕維吾爾人在烏魯木齊持續了兩個月，恐懼無所不在。有鑑於此，我們定期會與親近的家人朋友見個面或交換訊息，雖然這麼做也防止不了誰被逮捕，但能經常聽見彼此消息多少帶給我們一定安心。

瑪爾哈巴與穆尼拉幾乎天天通話，穆尼拉沉默這麼久很不尋常。

「再給她留訊息看看。」我說。「說不定她就回了。」

瑪爾哈巴拿起手機。「你好，穆尼拉，最近怎麼樣？我發了幾條訊息給你，沒聽到回音，我們有點擔心。你在的話請說句話。」

沒多久，穆尼拉發來一條語音訊息。

「瑪爾哈巴，你好嗎？我在。」穆尼拉的聲音沮喪。

「卡米爾好嗎？塔依爾問候他。」

「先這樣吧，我不太舒服，之後再聊。」

卡米爾和我是喀什維吾爾高中的同學，之後也都在北京讀中央民族大學。我們在北京逐漸熟稔，經常分享想法和經驗。卡米爾是一位性情平和、真誠、勤奮的年輕人，興趣在語言學和哲學。我一九九二年畢業後留在北京工作，卡米爾隔年畢業後返回烏魯木齊，在一所研究中心就職。不久我也回到烏魯木齊，後來我們就經常見面。也是在那段時間，卡米爾認識了穆尼拉，兩人過一陣子結婚了，婚姻一直快樂美滿。

二〇一六年二月，卡米爾拿到中國教育部獎學金，前往印第安納大學擔任訪問學者。他的女兒圖瑪莉絲隨同前往，在當地上學。穆尼拉曾去印第安納州看望他們一個多月。當一家人都在美國時，他們在當地的幾位朋友極力主張他們別回去了，新疆的政治局勢日益惡化。

我和瑪爾哈巴走訪印第安納大學時，也和卡米爾討論過這件事。我也覺得他們留在美國是上上策，但瑪爾哈巴沉默沒說話。

要做這個決定並不容易。卡米爾出發赴美前，中國政府要求他兩名同事當擔保，要是卡米爾沒回來，他的同事會受到懲處。卡米爾不想以一輩子有愧良心作為留在美國的代價，況且，如果卡米爾一家人留在美國，中國政府就會收回他們在烏魯木齊的公寓，並終止發給薪資。他們在美國必須待一年多才能獲得居留資格，取得工作許可維持生計。這一年間，他們的財務無可避免會很拮据。

卡米爾是行事謹慎的知識分子，最終他們決定不留在美國。結束海外訪問一年後，他和女兒在二〇一七年二月返回烏魯木齊。大規模拘禁維吾爾人的行動就在隔月展開。

五月，卡米爾一家和我們全家一起去吐魯番玩。兩天的旅遊在愉快的心情中度過，我們的女兒尤其開心。圖瑪莉絲在美國生活一年很想念家鄉，而阿斯娜和阿爾米拉也很喜歡與她作伴。

在吐魯番時，我和卡米爾在果園一邊吃杏桃一邊聊起來。他忽然跟我說，他擔心在這一波大規模拘捕中被抓，我問為什麼。他說二〇一三年秋天，他應「突厥絲綢之路協會」（Silk Road Society）和非營利文化機構「突厥沃恰克」（Turkish Hearths）之邀，赴土耳其參加學術研討會。那是卡米爾第一次出國。他最近聽說，突厥沃恰克被中國政府列入「外國分裂組織」的黑名單。卡米爾雖然是走完相應的文書程序，向所屬研究機構和派出所取得許可後才出席研討會，但很多曾經受到許可的事現在都不被允許，甚至被定為犯罪。

二〇一四年九月，卡米爾與近百名中國公民，在國務院著名的「國際遊客領導力計畫」贊助主辦下，一起參與為期一個月的美國交換計畫。這一次，卡米爾也是應美國駐中國使館邀請，取得就職單位和政府外交事務單位的許可。即便如此，自治區國安局的警官仍在卡米爾赴美前以及返回烏魯木齊後找他會面，有好一陣子卡米爾都活在恐懼之中。

我們走出杏桃果園時，卡米爾壓低聲音對我說：「我最近一次赴美前還有回來後，國安局警官跟上次一樣來找我問話。我聽從要求，把美國的所見所聞全說了。我不認為會惹來麻煩，這件事沒什麼好擔心的。」接著他幽幽地說：「但我還是很擔心當年的土耳其研討會。」

卡米爾不知道他該不該後悔沒選擇留在美國，但現在也沒得回頭了。依照美國和中國政府協議，訪問學者從美國返回中國後，兩年內不得再入境美國。況且卡米爾一從美國回來，工作單位就沒收了他的護照。當時所有在政府單位任職的維吾爾人，護照全都被收走。

基於這些原因，以及其他我們可能不知道的原因，卡米爾回國後就經常和穆尼拉起口角。前些日子我和瑪爾哈巴去他們家作客，談話間提到美國，在幾句尖刻的評論後，他們倆當著我們的面激烈吵了起來。現在，在瑪爾哈巴與穆尼拉用微信交談後，我們猜想一定又發生類似的事，決定過兩天後去一趟他們家，幫忙調解紛爭。

週日一早，我們打電話給穆尼拉，表示會過去一趟。當天下午我和瑪爾哈巴開車前往他們家。

卡米爾的研究機構依傍一座迷人的院子而建。卡米爾和他許多同事都住在院內一棟住宅樓，與他工作的大樓僅相隔百米。

我在卡米爾的住宅樓前停車。圖瑪莉絲正在門前與其他孩子玩耍，一見到我們，便跑過來說媽媽在家，說完又跑回去和同伴玩了。

他們家在三樓。穆尼拉開了門，她垮著一張臉，看得出來侷促不安。她招呼我們到客廳沙發坐，我們坐下來如常寒暄問候。「卡米爾不在家啊？」我問。穆尼拉連忙豎起右手食指抵著嘴唇，左手向上指了指天花板。她的意思很清楚：現在不要提卡米爾，屋裡可能有竊聽裝置。我和瑪爾哈巴立刻明白事態嚴重。

「我們去院子吧。」穆尼拉消沉地說。

我們一起走出住宅樓。空氣濕熱，樓前的院子裡，幾名維吾爾婦女坐在長凳上聊天。穆尼拉避開她們，領我們走向遠處一張長凳。我們才一坐下，她就哭了出來。看著她哭，我們也心痛，卻不知道說什麼才好。過了一會兒，穆尼拉擦乾雙眼，用柔和的聲調告訴我們發生的事。

六月十九日星期一，下午五點左右，穆尼拉做好晚飯，發簡訊給還在工作的卡米爾說：「晚飯好了。」

「我很快就回家。」他回覆。但半小時過後仍未見卡米爾的人影。

穆尼拉又發了簡訊給他。「飯菜要涼了。你在哪裡？」

卡米爾回覆了：「你們先吃，我晚點吃。」奇怪的是，簡訊上用的是中文，不是他們的維吾爾母語。

又半小時過去，穆尼拉按捺不住擔心，問道：「你沒事吧？怎麼還沒回家？」

這一次卡米爾沒有回答。穆尼拉下樓走到卡米爾工作的大樓，仰頭看向丈夫位於四樓的辦公室，窗戶是暗的。穆尼拉馬上打電話給卡米爾，但他沒接。她又打給跟卡米爾同辦公室的同事哈利普，問他卡米爾去了哪裡。哈利普說他們有必要見面談。哈利普的家也在同一座庭園，穆尼拉於是走路過去。哈利普下樓跟她說當天下午發生的事。

大約四點時，卡米爾、哈利普和同事艾斯卡爾還在辦公室工作，卡米爾接到一通電話。

電話掛斷時，他臉色灰白、神色焦躁地走出辦公室下樓。哈利普和艾斯克感覺不對勁，跑到窗邊往樓下看，看到三名男子把卡米爾押上車，車子發動開走。他們猜測那些人是國安人員。

穆尼拉一回到自家，馬上又打給卡米爾，還是沒人接。她發訊息給他，這次他回覆了。他說他沒事，警察有一些話要問他，他答完就會回家。但在這之後訊息便停了。

兩天後，三名警察載著卡米爾回家。其中一人偕穆尼拉到外面庭園等候，另兩人率卡米爾走進公寓。兩小時候，警察帶著卡米爾和他的筆電走出來，上車駛離。穆尼拉回家才發現，他們家被搜得天翻地覆。衣櫥、抽屜、五斗櫃、行李箱全都敞開。她進到臥房，看到就連床單和床架都被拆開甩在地上。卡米爾的書和文件散落一地。警察在他們家搜了兩個鐘頭，最後只帶走卡米爾的筆電。穆尼拉不明白他們想找什麼。

隔天，卡米爾再度發來訊息，用中文寫著：「他們要帶我去喀什。請帶幾件換洗衣物給我。」她要在一小時內趕到科學院大院正門，那位於自治區國家安全廳附近，到時會有一名警察出來見她。穆尼拉回訊問卡米爾還需要什麼，但他沒再回覆。

穆尼拉帶了衣物過去。卡米爾被軟禁在科學院某一棟樓的一間房子。他一見到穆尼拉就哭了出來，難以言語。警方要穆尼拉相信政府會秉公處理，與此同時，請她不要追究卡米爾的去向，必要的時候他們會聯絡她。說完就送她回家了。從此穆尼拉失去與卡米爾的一切聯繫。

我的背流出冷汗，瑪爾哈巴臉色蒼白。我們跟穆尼拉說，只要幫得上忙我們隨時願意，也窮盡言詞安慰她。但我們說的每一句安慰的話都感覺了無生息且無濟於事。

我們離開前，穆尼拉請我們別跟任何人說這件事。這通常有兩個原因。其一，無論逮捕事由是什麼，也無論公不公正，一般人總異常提防那些被拘留的人。如果一戶人家裡有一個人被抓，尤其又是出於政治因素，其他聽聞風聲的人和那家人來往會覺得不自在，甚至會加以迴避。第二，萬一被逮捕的人很快被釋放，如果不揭開壺蓋，沒有人會知道，彷彿什麼都沒發生過。不過一個人要是被拘留太久，就不可能隱瞞了。這點人人都明白。我們答應穆尼拉不會說出去。當然，我們也無意當傳播壞消息的人。

與穆尼拉道別後，我們走向車子，圖瑪莉絲追上來道再見。見她開朗的模樣，我猜穆尼拉一定對她隱瞞了卡米爾被捕的事。就算圖瑪莉絲知道，或許她年紀還太小，不懂整件事有多可怕。

天色漸漸黑了，薄暮降臨，下班的人行色匆匆回家。

我開車走外環路回家。瑪爾哈巴明白卡米爾被捕對我來說是多沉重的打擊。一路上我們靜默無語。

多年前，我從北京回來開始在烏魯木齊教書，卡米爾跟我說他工作的研究機構圖書館裡，有一套六冊的中文書僅供內部流通。這套用油印機印的書，題名為《泛伊斯蘭主義與泛突厥主義研究》，彙編目的是為了「解毒」，從維吾爾地區掃除所謂泛伊斯蘭主義和泛土耳其主義的毒素，協助對抗「民族分離主義」。其中有兩冊是外國學者寫維吾爾議題的翻譯文集。政府只允許特定研究者和官員看這些書籍資料，我們其他人連碰都很難有機會碰。我很想看看那些書，卡米爾因此應我要求，從機構圖書館為我借出這兩冊書。但我讀完後正好為了準備出國萬分忙碌，就忘了把書還給卡米爾。

沒多久，我留學土耳其的計畫隨著我在中國邊境被捕宣告結束，訊問者問我還有誰知道我的留學計畫，我說卡米爾和另一個朋友知道。警察搜索我在烏魯木齊教書的學校宿舍房間，找到了那兩本書。這下子卡米爾麻煩大了。後來警察審訊我的那一個月，也頻頻聯絡他進行突襲訊問。終於，警方始終未能找到合理將我送上法庭的犯罪證據，也就放棄審訊卡米爾。我先是被羈押監禁，後來未經審判便被送進勞教所。

從卡米爾和穆尼拉住處開車回家的路上，我思索著這一切。按照常理，只要有一個維吾爾人被捕，當局就會鎖定與此案件相關的人士，以及被捕者的親朋好友。

當晚，兩個女兒都就寢後，我從鞋櫃找出一雙結實耐穿的秋靴放在門後，接著又翻找臥房衣櫃，從冬衣中抽出一條牛仔褲、一件毛衣、一件寬鬆外套，並在外套口袋裡塞了一條小毛巾。我坐在床上折這些衣服，瑪爾哈巴忙完她的事走進臥房，看著我露出詫異的表情。

「你在做什麼？」

「我在準備，以防萬一。」

「萬一什麼？」

「他們可能會找上我。萬一把我帶走，我希望穿得暖和些。」

「你是說因為卡米爾嗎？」

「可能是，也可能是其他原因。我只是有預感。」

「別嚇唬自己。你不會有事的。」

「你也不信自己的話，你心知肚明。這幾個月內，這幾天內，什麼事我們都有可能遇到。」

我繼續折衣服一邊說：「你知道二十年前和我同在勞教所的其他人又都被抓了。我從來沒像現在一樣擔心這件事。」

她哀傷地看著那疊衣服。「帶你那件黑色毛衣比較好，比較暖。」

邊。

「那件太厚了。七月天的，我穿件厚毛衣能看嗎。」我玩笑道，把折好的衣服疊放在床邊。

大規模抓捕展開以來，多數被拘留的維吾爾人都是被電話召往地方居委會或派出所，然後被帶走。但也有一些人，特別是知識分子，是半夜在家裡被帶走的。我聽說夜半後警察到預備逮捕的人家敲門，對方只要一開門，警察就會確認姓名，把手銬往人手腕上一銬，隨即把人帶走，甚至讓他們換件衣服都不會。當下那人穿的是什麼，也就只剩下什麼。有的人穿著睡衣就被帶走。

接下來的事人人都知道。警察會把囚徒帶進監牢或營內的牢房，裡面除了很高的天花板、四道厚牆、各角落的監視器、一扇鐵門和冷冰冰的水泥地，剩下什麼也沒有。你熱還能脫衣服，可是冷的話什麼也做不了。即使在盛夏，這也是一個必須考慮的現實問題。如果夜半有人來敲我家的門，我打算先換上暖和的衣服和秋靴再去開門。雖然卡米爾是白天被抓的，但我有強烈的預感，他們會在夜裡找上我。

我和瑪爾哈巴都沉默半晌。我們肩並肩躺在床上。

「你覺得他們為什麼要抓卡米爾？」她問。

「我也一直在想。」我遲疑地說。「但我就是想不透。卡米爾自己八成也不知道。」

我們再度沉默。我關上燈。

「我想請你做一件事。」我說。「請你一定要答應我。」

「什麼事？先告訴我。」

「我是認真的。」我堅決地說。「你先答應我。」

「好吧。」她低聲回答。

「他們要是抓了我，你不要失去自己。不要打探我的下落，不要求助，不要嘗試花錢把我弄出去。這次和以往都不同。他們在計畫一些見不得光的事。這次不會通知家屬，到派出所也問不到什麼的。所以你別費心做那些事。把我們的家打點好，好好照顧我們女兒，把生活過得像是我還在。我不怕坐牢。我怕的是我不在了，你和女兒煎熬受苦。所以我希望你記著我說的話。」

「你就非要說得像是赴死嗎？」她不自在地問。

「我的銀行卡PIN碼，你是知道的。」我又補了一句。

瑪爾哈巴哭了出來。我已經先把燈關了，才不會看見她哭。漆黑闃寂之中，只聽見她靜靜抽泣。

往後一星期，我一直保持等待被捕的狀態。瑪爾哈巴和我打過三次電話給穆尼拉，問她有沒有卡米爾的消息。沒有任何消息。我們漸漸覺得穆尼拉似乎不希望我們再問下去，所以也不再追問了。

一個星期平安無事過去。我感覺最危險的時刻已經過了，也稍微淡定了些。但我還是把那堆衣物備在床邊。

後來我才知道，不單只有我會在床邊準備一套保暖衣服。一天晚間，我出門去公寓小區前的便利商店買牛奶，遇見一個我認識的年輕翻譯，名叫阿迪里。五年前他從新疆大學維吾爾語文學系畢業後，一直都找不到主修領域的工作，於是當起阿拉伯語和土耳其語翻譯維生。這些日子以來他一直處在恐懼當中。凡是有認識的外國朋友、有出國旅遊的紀錄，甚至是在其他國家有親戚朋友，現在都足以構成維吾爾人被捕的理由，特別是與伊斯蘭教國家有牽涉。雖然阿迪里從未去過土耳其或阿拉伯國家，只有在烏魯木齊靠自己學會這兩種語言，他還是很擔心自己有危險。

我們聊著聊著，話題自然轉向彼此認識的人哪些被抓了。阿迪里提到上個月，他睡覺都會在床頭備一套保暖衣物，我說我也是。聽阿迪里說，他有不少朋友和熟人也一樣，準備好隨時穿上可走的保暖衣裳。我們拿這整件事的陰鬱和荒謬說笑，兩個人笑了好一會兒。

十五　門被關上

我睡得愈來愈不好。夜裡翻來覆去，睡睡醒醒。糾結的思緒幻化成古怪的夢境。雖然我起床很晚，身體卻常覺得沉重而疲憊。

有一天我在九點左右醒來，還在昏沉之際，電話響了。一看到是古麗江打來的，我猛然醒過來，彷彿被當頭澆一桶冰水。過去幾個月，只是像這樣一通簡單的電話，就能把人們召往地方派出所或居委會，接著被送去「學習」。

古麗江說，我和瑪爾哈巴要在一小時內到居委會報到，務必不能遲到。我問她是什麼事，她一定聽出我的緊張，要我放心，說只是需要我們填一份表格，僅此而已。

瑪爾哈巴和我準時抵達居委會。那裡是一間偌大的辦公室，裡面有幾個辦公室。我對居委會主任辦公室和區警辦公室很熟，居委會幹部多數在大工作室一側的辦公桌工作。我們到的時候才只有幾個人在。

古麗江已經在等我們。她喚來我們的區女警阿迪拉，阿迪拉遞給我們四份表格，上方標題處有一行中文寫著「人口信息採集表」。阿迪拉跟古麗江說，這些表格必須即刻確實填好，說完就回到自己的辦公室去了。

我聽說過這份表格。四月初到現在，烏魯木齊幾乎每個人都填過。大家說這份表格為當月後來展開的大規模拘捕奠下基礎。大家普遍相信，表格資料會被餵進惡名昭彰的一體化聯合作戰平臺。這兩個多月來，好幾個人問過我填過表格沒有，聽我說還沒都很意外。我不知道為什麼這份表格這麼晚才要我們填，但現在納悶也沒用。

古麗江領我們到辦公室中央的大桌子。「省點時間，我幫你們吧。你們兩人的表我來填，你們就各自替一個孩子填表。你們的基本資訊我有，沒有的我會再問你們。」她向我們說明表格有哪些地方要填，哪些當局會自己補齊。她在經常隨身攜帶的藍色檔案夾裡熟練翻找，很快找到我們家的檔案，開始填寫表格。

我詳細看了一遍表格。整張表把漢字簡明的特性發揮到極致，版面擠滿字，連邊邊也不放過。表格分成六個區塊：基本信息、活動軌跡、宗教信仰、護照持有情況、涉穩情況，以及駕照車輛情況。每個區塊內都有一連串空格，一個比一個更攸關命運。這份表格很明顯是針對維吾爾人。

右上角頂端，在「重點標籤」的標題下，五個條目縱向列成一排：「重點人員」、「系特殊群體」、「系收押人員親屬」、「系打擊處理人員親屬」和「一體化比中標籤人員」。每個條目後面都有空括號可供加註。

往下，「關鍵信息」的標題下又縱列了九個條目：「維吾爾族」、「無業人員」、「持有護照」、「每日禮拜」、「有宗教學識」、「去過二十六國」、「系逾期入境人員」、「有境外關係人」和「家有輟學兒童」。每個條目後面同樣有加註用的空括號。

誰都能一眼看出「重點標籤」和「關鍵信息」底下的十四個條目，決定了一個人的政治信用評分。每在一個條目括號後面的方格打勾，該人的政治信用就愈降低一些，將他往危險更推進一步。

表格右側底端，「人員分類」的標題下有三個條目：「放心人員」、「一般人員」、「不放心人員」，每一條後面都有空括號。統整表格所有資料，這三個條目是整份文件的最大重點。謠傳被勾選為「不放心人員」甚或是「一般人員」的人，便會被送去「學習」。我們一家人非得被評比為「放心人員」不可。表上每個空格都必須小心填寫。

「你的宗教信仰是？」古麗江突然問，看我的眼神帶點蹊蹺。看來她填到我表格那個區塊了。「沒有！」我答得毫不遲疑。瑪爾哈巴詫異地瞄了我一眼。「我們家不信任何宗教。」我補充說。瑪爾哈巴明白我的意圖，也跟著猛點頭表示同意，但無法逼自己用言語說出來。古麗江知道我們說謊，但她沒說什麼，低頭繼續填寫表格。阿迪拉從辦公室冒出來走向我們，飛快看了我們正在填的表格一眼，然後又走回她的辦公室。

「你去過二十六個國家嗎？」古麗江問。

「哪二十六個國家？」我反問。

古麗江迅速從文件夾中抽出一張紙遞給我。紙上用中文寫著：「與恐怖主義關聯的二十六國為：阿爾及利亞、阿富汗、亞塞拜然、埃及、巴基斯坦、哈薩克、吉爾吉斯、肯亞、利比亞、南蘇丹、奈及利亞、沙烏地阿拉伯、索馬利亞、塔吉克、土耳其、土庫曼、烏茲別克、敘利亞、葉門、伊拉克、伊朗、馬來西亞、印尼、泰國、俄羅斯，及阿拉伯聯合大公國。」

換言之，但凡維吾爾人去過這二十六個國家，便會被中國政府懷疑涉入恐怖主義。在中國政府眼裡，恐怖主義根源於這些國家。「去年我們跟團去歐洲旅遊，途中經過土耳其。」我設法說得像是過境罷了。「那也算。」古麗江頭也沒抬，唐突地回答。這種目中無人的態度在共產黨幹部和警察中很常見，但古麗江突然擺出這種架子，我有點訝異，她平時給人的印象是文靜又有些害羞的。我忽然感到洩氣。

表格填完後，古麗江仔細念誦一遍，然後讓我和瑪爾哈巴簽名。

待我們離開居委會辦公室，已經是中午了。我們走路回家。「請原諒我們，真主。」瑪爾哈巴喃喃說道。

*

周圍的世界逐漸變得黑暗，我們盡全力為全家人，尤其是為我們的女兒，尋找片刻的快樂。

一個晴朗的周六下午，應阿斯娜和阿爾米拉要求，我們全家到天山公園散步，那是我們家附近一座最近才開張的公園。通過安檢後，看得出園內沒什麼人。這個地區人口向來以外來人為大宗，如今有些人被逮捕了，有些人被飭令返回家鄉。

樹是新栽的，樹蔭還尚未大到能遮陽，我們在園內灼爍的陽光下感覺乾枯焦渴。雖然如此，我們的女兒玩得很開心。我和瑪爾哈巴同樣感覺心情振奮了些。

就在園內閒逛時，我們遇上一名舊識，他也帶兒子來散步。

「哈，你一切都還好嗎？」他一看到我，便嘻嘻一笑問我。「他們還沒把你帶去『學習』？」他知道我坐過牢。我聳聳肩。

「還沒呢。」我泰然自若地開玩笑。「大概我不夠資格受『教育』吧。」他觸到了我們最大的恐懼。

他一定也馬上意識到說錯話了，所以明明沒必要，卻主動向我們解釋他和兒子來公園散步，接著便匆匆告辭。瑪爾哈巴的臉上烏雲籠罩，她氣炸了。就連公園散步這小小的樂趣現在也被毀了。

第二天下午我坐在辦公室，陷入沉思。對於卡米爾被捕的悲傷和焦慮依然啃食著我。

這時我的手機響了。看到是阿迪拉，我緊張地從椅子上跳起來。我的擔憂不是沒來由的：阿迪拉告訴我，我們家——我太太瑪爾哈巴、長女阿斯娜和我——明早必須把護照交給她。她的語調堅決。

我畏懼的一天，我但願永遠不會到來的一天，終於還是來了。

我們的護照，連同裡面十年效期的美國簽證，是我們奔往自由的唯一通道。眼看大規模拘捕步步向我們進逼，這時失去護照，代表這條通道將被封死。

這個消息重重打擊我們。「為什麼？」阿斯娜氣憤地問。「為什麼要拿走我們的護照？」她說著哭了出來。

「護照是他們給的，想要的話隨時可以收走。」我說，雖然大多是說給自己聽。

當晚，我完全無法入睡。大規模拘捕展開後，南疆傳來的風聲說第一波被捕的都是出過國的人。所有人的護照都被沒收了。我一直擔心這些政策是否也會在烏魯木齊實施。

五月下旬，我透過認識的人聯絡上一名年輕的維吾爾警察，他在市公安局戶籍處工作。我請他到烏魯木齊最有名的烤肉餐廳吃飯。就著一串串爐烤羊肉，我問他有沒有聽見烏魯木齊開始收護照的耳語。他說沒聽過這種事，這裡十之八九不會沒收護照。他的話多少令我安心，我們便繼續為旅遊做準備。

我們計畫在暑假前往美國。我們買了四張來回機票，因為我們必須讓當局相信我們會回來。我們想要逃離的中國政府無法忍受我們拋棄它選擇美國；勉強同意核發簽證給我們的美國政府，也不希望我們在美國留下。這一切都讓我懷疑自己還有什麼價值。

我們的旅遊日期適逢觀光旺季，機票相當昂貴。為了護照和簽證，我們也花了很大一部分存款。要是護照現在被拿走，損失勢必可觀。但這裡說的還只是錢，真正的損失在於我們的通道會從此封閉，希望就此熄滅。

我必須想個辦法留住我們的護照。

我從各個角度檢視問題，最後判斷以醫療照護目的赴美，會是我們最方便也最有效的藉口。我燈也沒開，躺在床上就點開手機，搜尋中國公民赴美國尋求醫療照護的資訊。其中一則引起我的注意：很多孩子患有癲癇的中國父母，會帶孩子到美國接受治療。

就是這個！癲癇症，夜間發作的癲癇！我心想這會是很好的藉口。要是我跟警察說，我們計畫去美國讓我的長女阿斯娜治療癲癇，機票都已經買好了，或許有機會留住我們的護照。

我們可以說，阿斯娜的癲癇在夜裡發作得很嚴重，為免別人說閒話，我們沒跟任何人說，就連親戚也不知道，打算私下安排她去接受治療。在維吾爾社會，大家多半不對外宣揚與醫療疾病有關的事，精神和心理疾患尤其負有一定的汙名。別人聽了八成會相信我們。

有了計畫讓我很振奮，多少覺得放鬆些，我閉上雙眼，無邊的黑暗中，現在有光隱隱閃爍。

天亮後，我把想法告訴瑪爾哈巴和女兒們。

「我又要裝病？」阿斯娜說。她想起三年前我們替她編造耳疾，讓她能休學在家一年學習英語。

「為了我們全家人的自由，我們需要你的犧牲。」我笑著說，同時敞開雙臂。「過來這裡，我聰明的女孩。」

阿斯娜鑽進我的懷抱。我撫了撫她纖瘦的肩膀。

「好吧。」她說。「如果非要我再裝病一次，那我就裝。」

瑪爾哈巴很猶豫。「我們這樣說，他們就會相信嗎？」

「不試不知道。」我斷然地說。「不拿出些理由來，我們乾脆坐在原地接受命運。」

上午十點左右，我們打給阿迪拉。她說她正在附近的公寓小區執行勤務，要我們過去找她。我和瑪爾哈巴走路過去。這個公寓小區與我們的相連，住戶絕大多數同樣是維吾爾人。小區的公共廣場正在舉行大型集會，主題是都市社區的維穩。參與者約有三百人，看來都是被居委會召下樓的社區住戶。附近站著地方政府機關代表以及居委會幹部，路上行人會短暫停下腳步，好奇張望進行中的集會。

一名漢族官員在左右幹部簇擁下，對著麥克風激昂地說話。我們經過人群，聽見有人低聲議論說演講者是副市長。為集會提供維安的地方警察，圍繞方形廣場進行戒備，每人間隔二十到三十公尺。

我們在這裡找到阿迪拉。我們用低落的語氣跟她說，我們計畫七月去美國為阿斯娜的病尋求治療，機票已經買好了。我們懇求她先別收走護照。阿迪拉說收護照是上頭下的令，誰也改變不了。但她補充說，她明白我們的難處，等七月初過後，我們可以準備阿斯娜病症的醫療證明，嘗試申請取回護照。自從二〇〇九年七月烏魯木齊暴力事件後，七月上旬就被視

為敏感時期

換句話說，希望的光還未完全熄滅。

「我們小女兒阿爾米拉的護照呢？」我問阿迪拉。但話一出口，我就意識到這個問題有多愚蠢。「我們都已經通知這一次在名單上的人了。」阿迪拉自信地答道。「如果她不在名單上，可能在下一次。」回家路上，瑪爾哈巴狠狠讓我後悔問出這個問題。

到七月中前那一個月，我幾乎問遍每一位我知道在烏魯木齊的醫院工作的人。這樣還不夠，我又去找親朋好友認識的醫生。當然，我如果說女兒的病需要開立醫師證明才能取回護照，他們一定都會怕得不敢幫忙。「護照」已成為令人懼怕的兩個字。數不清有多少人只因為持有護照，就被抓捕入營。有些維吾爾人甚至怕到沒人要求，也自願把護照交給派出所警察或居委會幹部。從沒申辦過護照的人，現在倒吹噓起自己沒辦是對的，說政府允許維吾爾人取得護照，單純是放網捕更多魚。因此我只模糊搪塞說「女兒的學校需要醫生證明」。

中國有句話說：「有錢能使鬼推磨。」最終，我找到三個出價就願意幫我的人。一人是神經內科醫師，一人是腦電圖技師，第三人是醫院行政職員。我們需要三人合力才能取得必要的證明。終於，花了一大筆錢後，我們拿到需要的文件。

七月中，我去見了阿迪拉。警察開始在烏魯木齊沒收護照才不到一個月，當局已經為欲申請取回護照的人印製了特殊表格。我填好表，附上一頁申請信和醫療文件交給阿迪拉。

七月底，時間不停流逝，當局那邊卻沒有下文，讓我愈來愈焦慮。我嘗試看書，思緒卻很紊亂。我強迫自己一遍又一遍重複讀同一句話，最後還是氣餒地闔上書。我也試著看電影，但目光瞪著螢幕，畫面全在我眼前閃逝。我腦中雜亂的念頭容不下電影劇情。

我打給阿迪拉問進度到哪裡了。她說這些是由分局國保大隊一名姓張的漢族警察處理，想詢問進度要打給他。我撥通她給的電話號碼，張警官告訴我上級有令：凡有國外旅遊紀錄的人都不可取回護照。我的申請被否決了。

我的心情盪到谷底。我們種種努力到頭來都沒有意義。如今我們什麼也沒了，只能放棄一切遁逃出國的希望，坐等命運到來。

身體

經過放逐的大水
經過流散的聚集
經過充分的碰撞
經過陌生的擁抱
經過冰一般的黏合
經過無盡的碾磨
經過無聲的滾動
經過可恨的拋光
並且
經過無果的遺忘

終於
沙礫化成了石頭

十六　公寓

烏魯木齊的大規模抓捕展開後，我和瑪爾哈巴決定若要為任何可能的結果做好準備，我們應該把公寓賣掉。局勢這麼動盪，我們知道成交這件事快不了，於是雇用附近一間房屋仲介公司協助賣屋。盼望有人出價的等待就此展開。

那陣子前後，瑪爾哈巴的表姊熱依汗和她丈夫司馬義來我家拜訪，說他們有要事討論。那段日子裡，單單「要事」兩字就足以令人擔憂。

熱依汗和司馬義十年前結婚後一直住在烏魯木齊。他們買了一套公寓，在中國與中亞間的服飾出口業工作。但他們的戶籍還登記在家鄉伊犁。現在沒有烏魯木齊戶籍的人開始被逐出首府，他們聽說只要在烏魯木齊買新房子，房地產公司會協助把戶籍遷入都市。他們覺得有首府戶籍的話，多少能保障些安全，所以決定掏出所有資產，購置第二套公寓。他們想聽聽我們的意見。

「就我所知，烏魯木齊戶籍去年就凍結了。」我告訴他們。「你可以遷出烏魯木齊，但不能遷進來。」

司馬義回答得像個典型的生意人。「塔依爾大哥，你是知識分子。你想事情照的是原則，但錢能解決很多問題。」

「好吧，就算你把戶籍遷進烏魯木齊吧，這裡一樣也在抓人。」

「伊犁的情況很可怕，烏魯木齊還是安全多了。風還沒吹襲到我們在烏魯木齊的任何朋友。」

老實說，他們不是來徵詢我們意見的，而是希望我們能陪同他們去看房子兼當翻譯。瑪爾哈巴堅持幫這個忙，最後我答應跟他們去試試看。

第二天，我們四人前往烏魯木齊北邊的新建案，開始參觀一些高樓住屋。建案雖然還在施工，已經有不少單元售出。

每到一個建案，總會有一名漢族經理熱情接待我們，並指派年輕漂亮的銷售小姐帶我們參觀樣品屋。我們首先會看房屋的陳設和坪數，再問房屋所在樓層、採光如何。這之後，我們才會打聽如果買下公寓，他們能不能幫忙把戶籍遷至烏魯木齊。銷售小姐一聽到這個問題，會立刻帶我們回去見經理，經理則會表示可以為購屋的客人遷轉戶籍，但他得先和地方派出所確認，並答應隔天會聯絡我們。雖然他嘴上這麼說，但從他的表情明顯可知行不通。就這樣我們勞累奔波了一星期，相同場景在四個不同的公寓銷售展間重複。一如我所料，他們沒一個人再回電。

司馬義不願意放棄，請我撥電話給當初答應會聯絡的第一個建案經理。經理解釋說，最近形勢嚴峻，警察非常忙碌，他目前還聯絡不上局內任何人。說到這裡，他結束了話題，分毫看不出初見我們時表現的熱情。

熱依汗和司馬義終於承認落敗。我們四人頹然坐在我家客廳的沙發。「我猜我們只能靜觀其變了。」司馬義說。接著他突然令我們所有人吃了一驚，有感而發地說：「不管要花多少錢，要是可以，我要把我們的法定民族身分改成漢族！」

我們三個人愣愣看著他。最近我們是聽說過有些維吾爾人在談論要把官方民族身分改成漢族。我推測有人是認真的，也有人是在嘲諷。不過所有人會說出這樣的話，無不出自無能為力的絕望。

照理來說，我無法想像一個維吾爾人會說這樣的話。我見過與漢人結親的維吾爾人、與漢人結為知交的維吾爾人、瞧不起同胞的維吾爾人，甚至也見過自我厭棄的維吾爾人，但在大規模拘捕前，我不只沒見過，也從沒聽過有哪個維吾爾人希望徹底捨棄自己的維吾爾身分，成為漢人。

司馬義見我們錯愕、困惑的表情，先是頓了頓，忽然間綻開調皮的笑容。「哈，你們居然信了！」我們全都侷促地跟著笑。

五月中，我們與公寓可能的買主見面。他們給人的印象是直率、勤奮的人，是一對從南方農村來的中年夫婦，在烏魯木齊烤饢餅超過十年，育有三個孩子。

房地產仲介安排我們帶那對夫婦參觀公寓。他們到來時，我和瑪爾哈巴熱情迎接，他們隨我們在屋裡走動，看得很仔細，但沒說一句話。我從太太的臉上看得出她很喜歡這房子，只是不想表現出來，怕我們會哄抬價格。

沒過多久我們就帶他們看完房子，也談妥了價格。由於我們按計畫很快就要出國，我和瑪爾哈巴沒有費力講價，以低於市價的價格把公寓賣給他們。況且，他們夫婦在這座陌生的城市打拚十多年，靠著烤饢餅攢下積蓄，他們的毅力和工作倫理令我們敬佩。我們甚至把家電用品和傢俱也一併附送進去。

我們簽了預備契約。他們依約應以現金支付三分之一的房子售價給我們，剩下三分之二在他們申請到房貸後再行支付。我們花了三個星期打點好銀行與房地產仲介間的繁瑣文書，與饢餅夫婦一同前往烏魯木齊房地產管理局。我們四人排隊等了幾個小時，簽填了無數表格，就只差在最後將房屋過渡至他們名下的文件上簽名。

就在這時，房地產管理局一名職員告訴我們，公安廳要調查饢餅夫婦的政治背景，調查約需三十個工作日。只有在調查核可後，契約轉讓才能成立。我們四人聽了，頓時發起愁來。

這很顯然是新政策，我們根本沒聽買賣過房子的朋友說起有這事。我轉頭看瑪爾哈巴。「完了。我們的設想都付諸流水了。」

饢餅夫婦的戶籍登記在家鄉村子。有鑑於所有在烏魯木齊的維吾爾外來人幾乎都被遣送回戶籍地，他們夫婦還沒被逐出城市已經夠令人意外了。我無法想像警察會核准他們在首府購屋置產。

我們離開服務廳，瑪爾哈巴柔聲問那對夫婦：「你們沒有親戚因為政治罪被抓或被關吧？」

「沒有，一個也沒有。」丈夫果斷回答。

「你那個叔叔達吾提阿洪去年不是被判刑了嗎？」他太太提醒道。

他馬上反駁。「我叔叔說不是因政治罪判刑，他是因為送兒子去宗教學校。」

我一聽連忙中止爭論。周圍行人熙攘，要是有人聽到這些話，我們可能會招來麻煩。

饢餅夫婦多半無法買我們的公寓了，我和瑪爾哈巴無奈接受這個猜想。但已經走了這麼遠，除了等也只能等。

一個半月後，房地產仲介通知我們收到公安廳的回覆：饢餅夫婦通過了政治審查！我驚訝地對自己一笑。這種時局有這樣的好運，令人難以置信。

後來，我們走完出售公寓的文書程序，饢餅夫婦不久便取得申請的貸款，剩餘的屋款隨之匯入我的戶頭。我們的家賣出去了。

我們把房子掛牌出售，以備有一天決定離開這個國家。但等待警察結束對饢餅夫婦的審查之際，我們的護照從六月底就被沒收了。現在公寓售出了，護照又還沒著落，我們像從家中被趕上大街一樣舉目無措。應瑪爾哈巴建議，我們勉為其難決定找一間新公寓住。

我公司的業務已經完全停擺，沒什麼事可做。我和瑪爾哈巴開始在附近看看新建公寓。同時我們也需要租個地方住。

瑪爾哈巴對於我們能取回護照已經希望盡失，但我還不準備放棄。我有預感遲早能拿回來。因此我堅持如果要租屋，就租在原本住的同一個小區。要是搬去別的地方，會劃歸新的居委會管轄，戶籍登記甚至可能得移至不同派出所。這樣之後想再嘗試取回護照會更複雜。

我們去看了幾間出租公寓，但都不適合我們。後來在小區經營商店的一名維吾爾婦女推薦了一間公寓。

隔天我們過去看看。屋主是個年約四十五歲的維吾爾女性。她的兩房公寓裝修得相當好，而且配有一張床、一套沙發和所有日常家電用品。她說自己在烏魯木齊有很多套公寓，這一間是考慮新婚夫妻的需求裝修的，還沒有人住過。從屋內的樣子來看，她說的是實話。我們很喜歡這間屋子。我打趣地跟瑪爾哈巴說，我們要是租了這裡，說不定能重溫新婚的感覺。

看女房東的外表，我會猜她是公務員。但以烏魯木齊維吾爾族公務員的薪水，要買下多套公寓是很吃力的。瑪爾哈巴問房東在哪一行高就，她答說自己經商，順帶抱怨政治局勢惡化對生意很不利。她這兩個月因此都待在加拿大陪兒子，她兒子在加拿大讀書。但烏魯木齊的居委會不斷聯絡她，她不得不回國。前天才剛回來，護照就交給警察了。

「還不都要怪那些海外分裂分子！」

我和瑪爾哈巴一時間無言以對。「分裂分子」是中國政府用以攻擊主張獨立的維吾爾人使用的語詞。維吾爾人在政府機關要求下也會使用，但私下不會用在彼此之間。

「分裂分子的頭兒在義大利被逮了。我希望他受到應有的報應！」女商人愈說愈來勁。「為了他們無意義的行動，我們都得付出代價！」她忿忿地一把拉開窗簾。瑪爾哈巴看了看我。

「哪個頭兒被逮了？」我好奇問。

「那個該死的多里坤．艾沙！」她啐了一口，表情儼如撕破臉離婚後談及前夫。多里坤．艾沙是成立於德國慕尼黑的世界維吾爾代表大會主席。我後來得知，他因為設法出席羅馬的一場磋商會，遭義大利警方短暫拘留。

聽到女商人激昂批評分裂分子後，我們對這房子的興趣全失。為了不要表露出來，我們假意又在屋裡到處看看，最後說：「空間小了些，租金也高了點，我們會再想一想。」說完便往外走。

女房東有些意外，上一刻我們還很喜歡這房子，怎麼突然就沒有興趣了。但我不覺得她有意識到我們放棄的原因。我們告辭的時候，她還為了海外分裂分子氣得滿臉通紅。

幾天後，我們終於在小區找到一間合適的公寓，屋主是一名哈薩克商人，從事中國與哈薩克之間的貿易。但居委會不允許我們租下這個地方。

二〇〇九年的烏魯木齊事件後，烏魯木齊舊城很多漢族居民搬到新市區，很多維吾爾人則反過來從新市區搬進舊城。烏魯木齊的種族界線一日日變得比以往更壁壘分明。不久，政府實施「嵌入式居住」政策：在一個小區里，若少數民族占居民比例超過百分之三十，那就不能再允許少數民族個體購買或租賃房屋。這項政策的用意是想瓦解維吾爾群體，把維吾爾人打散到漢族居民之間。

居委會拒絕核准我們租屋後，我們開始多方向親朋好友打聽，有沒有人在居委會有人脈。最後我們找到一個居委會副主任的老同學。這個人也是瑪爾哈巴的遠房親戚，他替我們跟副主任求情。好不容易我們總算取得租屋許可。

我們預付半年房租，之後花了三天搬進去。除了在新居即刻會用到的物品，像是鍋碗瓢盆跟衣服等等，其他家當我們都沒拆箱。我們把行李箱和大包集中放在一個房間，一箱箱書和裱框照片放在另一個房間，然後在第三個房間鋪了我和瑪爾哈巴的睡床。阿斯娜和阿爾米拉睡在客廳沙發上。客廳中央堆放著一個個塑膠大袋子，裝著被褥、用膠帶包裹的餐盤、水晶及其他行李，全都原封不動維持我們搬進來的樣子。

舊家搬空以後，我和瑪爾哈巴在舊居的客廳裡，最後一次窩進我們送給饢餅夫婦的沙發。瑪爾哈巴用戀慕的眼神環顧四周。這個家的每個角落都滿載我們一家人的回憶。離開這裡，我們知道我們的人生走上了轉捩點。

十七　不告而別

苦惱與不安環繞，我感覺自己輕若無物，飄浮在時間的表面。我常常一連幾個鐘頭坐在沙發上，腦袋空白。

「每次你像這樣自我沉溺，我就很擔心。」瑪爾哈巴會說。「不要把每件事都往死裡想，事情終究會過去的。真主必定會看顧我們。」

申請取回護照被拒後，有一陣子我忙著尋找住處。等我再次打電話給阿迪拉，已經過了兩個星期，我表示想取回申請資料。我不能把假造的資料留在警察那裡。阿迪拉說她已經把文件帶回派出所，我可以過去拿。

「對了。」她冷不防補充。「我們接到上頭一道新命令。有緊急要事的人現在可以申請歸還護照。你打算怎麼做？」

我不敢相信我的耳朵。「這樣的話，我會再申請一次。」我連忙說，彷彿不趕緊說完這句話，她可能就會改變主意似的。「你能再幫我們一次就太好了。」

「暑假快結束了。」阿迪拉想到。「你們的時間夠嗎？」

我回答得很堅定。「女兒的健康比什麼都重要。我們會想辦法趕上的。」

希望再度在眼前燃起。

隔天我去了阿迪拉的辦公室，填好申請取回護照的表格後交給她。現在只能等了。

比起只是數著時間，瑪爾哈巴提議我們全家回她的家鄉伊犁探親。但我想留在烏魯木齊等待護照的消息。

瑪爾哈巴慫恿我陪她回去。「護照如果會歸還，他們會聯繫我們吧。不能接到電話以後再趕回家嗎？」

「你永遠猜不透他們。」我回答。「他們就算打來說可以取護照了，等我們從伊犁趕回來，完全有可能政策又變了。所以我要留下來。」兩個女兒聽到我不去也決定留在家。瑪爾哈巴於是自己去了。

日子感覺漫無止盡。我和女兒大多上餐館吃飯。瑪爾哈巴平常不准阿斯娜和阿爾米拉吃太辣，現在趁媽媽不在，她們吃定我心軟，暢懷享用她們最愛的香辣油炸菜色。

但每天吃了睡、醒了吃的循環，逐漸顯得乏味。除了吃飯以外，阿斯娜和阿爾米拉都沒出家門一步。

那段百無聊賴只是等待的日子裡，我愈來愈常在晚飯後穿過小區，散步到阿勒瑪斯的店裡。兩年前阿勒瑪斯開了便利商店，我和幾個熟絡的朋友就經常到他的店裡聚會聊天，買些東西支持阿勒瑪斯。他的店生意一直令人挫敗，但他始終相信會有起色。

每次我到店裡去，都能見到阿勒瑪斯坐在正對店門的桌前，把哲學家羅素的《西方哲學史》（*History of Western Philosophy*）由中文譯為維吾爾語，袖子上還別著「保安」紅臂章。

那一陣子，阿勒瑪斯結識了分局國保大隊的維吾爾族警官麥赫穆特。有一次我看到麥赫穆特和幾個朋友坐在阿勒瑪斯的店裡聊天。

阿勒瑪斯很滿意他和麥赫穆特的交情，甚至有些驕傲。我問他跟一個國保警察交朋友能有什麼好處，他說遲早「派得上用場」。我永遠忘不了他說這話時，臉上狡黠的笑意。

阿勒瑪斯有充分的理由這樣想。近幾年來，愈來愈多人為了私利或當作一種自保之策，與官員或警員交起朋友。

八月中旬一天傍晚，我跟阿勒瑪斯和另外三個要好的朋友在他的店裡聚會。五人聊了一整晚，我們的話題令人深深發愁。

從三月持續至今的大規模逮捕讓我們個個心煩意亂，尤其又有風聲說維吾爾知識分子一個接一個被抓。然而當時我們不可能知道哪些傳聞是真，哪些是假。

每當聽到有人被捕，我們總會不由自主詢問原因。只是每次一問出口，我們都馬上明白這有多荒謬。我們心底都清楚得很，絕大多數的逮捕都基於羅織的罪名。我們全都活在恐懼之中，知道自己隨時可能因為任何藉口被抓捕。

大家手上的菸沒停過，沒有隔間的店面裡，空氣逐漸瀰漫煙霧，我們每隔一會兒就會打開門通通風。但唯恐行人聽見我們的對話，總是很快又把店門關上。要是有顧客走進店裡，我們會暫停話題直到客人離開。

我們聊了近三個小時。

「我希望中國乾脆佔領全世界。」我一個朋友突然說。

「為什麼這麼說？」另一個同伴問。

「世界不在乎我們的遭遇。」我那個朋友回答。「這世界不認識中國。既然我們沒有自由，何不讓全世界嘗嘗被征服的滋味。到時候我們就都一樣了。不會只有我們受苦。」

「看來你的願望很有機會成真。」第三個朋友說。

當晚的閒談一如既往沒得出什麼結論，純粹因為時間晚了，我們不甘願地準備回家。我們相聚不是為了解決彼此面對的問題，只是為了交換想法，分攤心頭的重擔。

維吾爾族有個傳統，倘若有人父母親過世，親朋好友會去探望喪主。每個客人都會問喪主他們的父母親是怎麼過世的。喪主會耐心地向每一名賓客重複同樣的說明，陳述愈多遍，心中的悲傷愈會減輕。我們在阿勒瑪斯店裡的閒談也像這樣。最近我們簡直像對分享煩惱上癮一樣。

當晚，我們走出阿勒瑪斯的店，互道再見後，我把我朋友帕爾哈提．吐爾遜拉到一旁樓房安靜的角落，跟他說卡米爾被捕了。我答應過穆尼拉不對任何人說，但帕爾哈提是我和卡米爾的摯友，我覺得他理當知道。

帕爾哈提沒有強烈的反應，只是悲傷地皺起臉孔，似乎無語以對。「老天啊，你說的都是什麼呀？」他柔聲嚴肅地說。對一個已陷入苦痛的人，這個消息不啻又是一記打擊。我們雙雙沉默。

「你開車來的嗎？」我問他，想換個話題。

「沒。」他望著街道漆黑的一側回答。我猜他一定料想今晚我們會喝幾杯。雖然今天其實沒人有心情喝，我們還是在店裡買了兩瓶紅酒，省得大家圍桌時手上沒東西。

「那走吧，我們去大街上替你攔輛計程車。」我伸手示意他隨我一起走到大馬路。

「沒關係，我走小巷子回家。」

「何必呢？你走路回去要一個小時呢。」

「有人跟我說，我現在最好避著人，這樣或許能避免有人告發我。我走小巷子回去。這些日子除了去工作，我幾乎不出門。」

「怎麼會有人要告發你？」我忍不住問，但話才出口我又意識到問這個多沒意義。我們活在一個詢問原因都顯得荒謬的時代。

「那好吧。保重！」我朝他伸出手。

因為我們經常見面，平常道別並不握手。帕爾哈提遲疑片刻，然後不太熱情地伸出手。他的手抓著感覺冰冷，沒有生氣。

這很可能是我們最後一次見到彼此，我很想緊緊擁抱我親愛的朋友。但我不能。

他快步往後巷的方向走，頭稍稍歪向一邊，那是他的習慣。我看著他的身影沒入黑夜。

那天晚上，我們在阿勒瑪斯的店門前分別時，我發自心底想和我每一個朋友由衷說聲再見，但我必須壓抑這念頭。我們的護照如果拿得回來，等在面前的將是一趟單程旅途。可想而知，如果順利去了美國，我會申請政治庇護，這一來我就成了中國共產黨的敵人，成了國家的敵人。經驗告訴我，警察如果發現我任何一個朋友事前知道我要出國或曾經向我訣別，我朋友就麻煩大了。最起碼幾星期的訊問是逃不了的，更倒楣的話就是入獄。我不能讓朋友因為我受到磨難。我如果走，只能不說一字離開。

第二次申請取回護照，我對成功機率充滿希望。瑪爾哈巴提議全家回一趟喀什與我的父母道別。我心裡很想，但小心為上還是拒絕了。

＊

聽我母親說，她們小區的居委會在每棟公寓門前裝設監視器，費用還得由居民出。我父母親交了兩百八十元人民幣給居委會，讓他們在門前裝監視器。

機器監視著進出每棟公寓的人。龐大的影像需要很多人來監看，居委會於是以最低工資從雇來一群在地青年混混。他們幻想自己成了警察，喜孜孜接下這份工作。

我父母的左右鄰居幾乎人人都知道我坐過牢。要是我回去探望父母，監看我們那棟公寓攝影機的混混八成會認出並舉報我，或者在小區被強制出席夜間政治集會的人，也可能會告發我以履行舉報責任。這樣我和父母都會有麻煩。

二十年前，當我二十六歲時，我並沒有告訴父母自己打算出國讀書。在邊境被捕入獄三年後，我回到喀什郊區兒時的家。

有一天，父親和我坐在院子的夏炕上喝茶，金葡萄葉從頭頂的棚架飄落。他忽然開口：

「我的孩子，人啊，遠遊前應當先獲得父母的祝福。」

我一口茶在嘴裡嚥不下去，羞愧得只想鑽進地裡。

父母親對於我上北京讀大學又找到好的教職有多驕傲，在我被捕、被關、因為他們不理解的原因被剝奪地位時，就有多心碎。我聽到父親的話懊悔萬分，心中發誓以後絕不會不向父母辭行就行遊遠方。

然而這一次，可能也是最後一次，我又要在沒有辭別父母、沒有得到父母的祝福之下遠行了。

也許此世我的命運就是必須與我至親之人不告而別。

十八　只去不返的旅途

日子緩慢蠕動前行，我們一天天等著警察聯繫護照事宜，每天要從早晨過到傍晚都覺得很不容易。

某天黃昏，我在六點左右出門。三個男人引起我的注意。其中有兩個是漢人，一個是維吾爾人，他們坐在我家樓外的長凳上抽菸。我和女兒中午出去吃時，就看到這三個人坐在長凳上，當時三人的外表已經有某些地方令我懷疑他們是便衣警察。現在看他們還坐在那裡，更鞏固我的懷疑。

散步一小時後，我回到小區中庭，看到那三個人還坐在原處。這回我決定謹慎地從他們旁邊走過，就近觀察。經過時我注意到，坐離我最近的男人腰際突出一塊。他的白襯衫底下有一把手槍的槍托探出半開的槍套。我一時膽顫發抖，感覺他們就像被派來專門監視我。我藏起不安快步經過。

一回到家我馬上打給瑪爾哈巴，但我不敢在電話上討論這個話題，只是簡短問候她這幾天好嗎。我對女兒也什麼都沒說。當晚，我一直坐到半夜還睡不著，腦中浮想聯翩。等到時針過了十二點也沒人敲門，我才慢慢冷靜一些。但我依然和衣入睡。

第二天，我一起床就走到外頭看那三個人還在不在。他們已經走了。

＊

幾天過去。星期二，我九點左右起床，全身僵硬，感覺異常疲憊，好像做了粗重活兒似的。

我走向客廳。舊家帶來的所有行李還凌亂地堆在地板中央，看了令人沮喪。阿斯娜和阿爾米拉在沙發上睡得香甜。我連洗臉或吃早餐都有些懶，我癱坐在椅子上，刷起手機上的微信朋友圈。

手機響了。是瑪爾哈巴，她從伊犁打來的。

「你在做什麼？」她聽起來興高采烈。回到家鄉與家人朋友相聚顯然對她是好事。

「我就坐著，沒做什麼。」我悶悶答道。

「女兒呢？」

「還在睡。」

「警察那邊還沒消息？」她問。

「沒有。」

「我接到電話。」她說。「他們說我們可以去領護照了。」

「什麼？」我得確定我沒聽錯才行。

「他們要歸還護照了。」

「別開玩笑。」

「我沒開玩笑，是真的！」我能聽出瑪爾哈巴聲音裡的興奮。

阿斯娜從她睡的沙發上抬起頭。「爸，他們要歸還護照了？」

「沒錯！」我藏不住喜悅。

阿爾米拉聽見對話，現在也全醒了。她們兩人在沙發跳上跳下，開心尖叫。

「現在就去拿吧。」瑪爾哈巴說。「我把聯絡我的警員電話號碼發給你。你可以去新市政服務大樓領護照。對了，你的身分證別忘了帶。」

「好，我馬上就去。你也可以出發了。搭今天的火車回來。沒有火車，就搭飛機！」

我匆忙起身洗了個臉，要阿斯娜和阿爾米拉吃早餐，隨即快步走向我的車。

「爸，開車小心。」阿斯娜從身後喊我。「別因為興奮出事。」

「放心吧。」我大聲回答。「我不冒險！」

我的車停在公寓樓前。我發動引擎，加速駛上道路。

市政服務大樓的大廳設有市政府各局處的服務中心。我走進烏魯木齊公安局的服務中心，對櫃檯的女警說我來領回護照。她指引我進一間辦公室，裡頭坐著一名中年漢族女警正在看手機。我說明來意後，她要我的身分證，從桌上拿起登記簿搜尋我們的名字。她在第三頁找到了，仔細比對我的身分證與登記簿上的名字。應她的要求，我在我那一行旁邊簽了名。

女警拉開一個裝滿護照的抽屜，揀出一本交給我，那是阿斯娜的。我跟她說我們申請歸還三本護照，她告訴我只有一本護照批准。

我一時氣憤不已。「麻煩再確認一次。」我懇求道：「我們申請了三本護照，這樣才能夠帶女兒去國外治病。」

女警不情願地起身，到存放護照的檔案櫃找我們的申請資料，回座之後仔細檢閱我們十多頁檔案的第一頁。

「沒錯，是三本護照。」她咕噥說。「為什麼登記簿上只寫了一本？」

感謝真主，我心想。

她再度拉開護照抽屜，對照申請資料與貼在護照上的編號，很快找到剩下兩本護照交給我。我拿著三本護照，再三道謝後走出辦公室。

真是奇蹟。

但出了辦公室才沒走幾步，就聽到女警緊張地喊我。

「嘿！這是你的包嗎？」

我轉過身，看到女警已經奔出辦公室，神色驚慌，彷彿我的提包放著炸彈。方才我一時興奮，把提包忘在她的辦公室。

我連聲向女警道歉，馬上回辦公室拎起椅子上的提包走出去。

「包裡有錢？」服務櫃臺一名漢族警察開玩笑說，他目睹了整個過程。

「沒有錢。」我回答。「我只有命一條。」

我甚至沒想過要把護照放進包裡，反而是緊緊拿在手裡，走向辦公大樓出口。兩名在大廳中央長椅上等待的維吾爾青年看到我拿著護照，嘴張得老大直盯著我瞧，彷彿見鬼一樣。護照在維吾爾人眼裡已經變得如此可怕。

我一走到戶外，立刻打給瑪爾哈巴。她在一個朋友家裡。「你拿到了嗎？」她壓低了聲音，小心不讓周圍的人聽見，但我不難察覺她壓抑的興奮。我建議她先找個可以私下說話的地方。我們商量決定三天後出發，瑪爾哈巴立刻開始準備搭頭一班火車回烏魯木齊。

回到車裡，我立刻聯絡李陽，跟他說我們的護照取回來了，請他代訂四張三天內離境的赴美機票。

「確定嗎？我不想你又像上回一樣，最後必須取消機票承受損失。」

「所以才需要訂盡早的機票，盡快出發。」

李陽知道我們的護照被沒收，一直在想辦法取回的事。他先前協助我們買赴美的機票，後來不得不取消的時候，他替我們賠錢很感到惋惜。

李陽沒有耽擱，很快就回覆我：八月二十五日有一班從北京往波士頓的班機。我請他趕緊買來回票，我們需要回程機票作交代。我也請他買了八月二十四日從烏魯木齊往北京的機票。今天是二十二號，我們有一天時間做準備。

我回到家，阿斯娜和阿爾米拉已經吃過早餐，換上最漂亮的衣裳，好像我們今天就要出發一樣。見她們歡喜的樣子，我知道我們承受的一切都是值得的。

我帶女兒去我們最愛的維吾爾餐廳，津津有味地吃午餐，我已經好幾個月不曾這麼享受吃一頓飯了。

當晚，瑪爾哈巴的火車從伊犁抵達，我們到車站接她。我們站在出口隔著月臺，都能看出她有多開心。我們倆像電影一樣衝上前去擁抱對方。

這不是相聚的擁抱，而是慶祝的擁抱。瑪爾哈巴和我向來沒有用擁抱問候的習慣。阿斯娜和阿爾米拉見我們這個樣子，在大庭廣眾下覺得很尷尬，擠眉弄眼嘲笑我們。

開車回家路上，我們四人詳細安排剩下的一天半，決定每件事的處理順序。我們全家進入高度就緒狀態。

隔天早上，我開車去了二手車市場，沒有議價就把我們的車賣了，然後回家幫忙打包行李。

我覺得帶上必要的夏天衣物、幾本書和一些日用品就好，其他能免則免。這不是為了旅行輕便，而是為了避免過境時引來懷疑。一個維吾爾家庭帶著異常大量的行李去度假，中國邊境警察肯定會注意到。

但瑪爾哈巴希望盡可能把自己的家當都帶上。我們為了能帶多少、該選擇哪些東西吵得愈來愈激烈。她沉默望著不得不留下的寶貝衣服，我看得出來她有多氣餒。我知道她會有好一陣子為這件事生我的氣，但我嚴正堅持我的立場。

我和瑪爾哈巴結婚成家十六年，兩人都過了四十歲，兩個女兒都是青少女了。然而至今我們人生能帶走的東西，也就只裝了四個行李箱和四個小背包。

我們把帶不走的重要物品集中放進另一口紙箱，包含四本家庭相簿、各類書信文件、我的書和出版期刊。相簿中的照片是我們一家人的全部過往，對瑪爾哈巴和我自己來說，我們年輕時代的照片尤其意義不凡。我在紙箱上貼了標籤，留給我的表弟之後寄給我們。

隔天一大清早，我們打電話給我的姻親，請他們過來。他們來了以後，我們表示今天就要啟程去美國為阿斯娜治病。他們非常清楚阿斯娜沒病，但也同樣曉得政治局勢有多嚴峻。他們立刻就明白如果我們想想順利出境，就必須堅持這個藉口。我們看著他們的表情從驚訝轉為理解，再化作悲傷。

「但我們還會再見面吧？」我的岳母問。

「放心。」我答得比實際的心情堅定。「只要我們活著就會再見的。」

坐在沙發上的岳父垂下頭。岳母不捨地看向瑪爾哈巴。瑪爾哈巴別過眼神，忙著將一口行李箱的拉鍊闔上。

將近中午前，我們叫的計程車停在公寓樓外。岳父和我把行李箱塞進後車廂，背包則放進後座。岳母從樓裡走出來，啜泣著依偎瑪爾哈巴。幸好樓前大致沒人，但我仍擔心淚眼汪汪的道別可能會引來注意。我藉口會錯過班機，催瑪爾哈巴該走了。我們催促她父母親立刻回屋內，別在外頭耽擱，接著便爬進計程車。瑪爾哈巴依然淚濕了臉。

我們開出大門，開上小區前的對外道路。人行道人行人南來北往。這些維吾爾人因為煩惱、因為日常的辛勞，一個個弓肩駝背，其中不乏我們認識的人。

「我們要拋下這些親族了嗎？」瑪爾哈巴問得傷感。我戒慎地瞄了瞄漢族司機，但他看上去不像聽得懂維吾爾語。他眉頭深鎖，很專心在看路。

幾天前，我聽說警察從新疆被派來北京，駐紮在機場邊境管制處，專門監管出境的維吾爾人。車在外環路上加速飛馳，我打了通電話給阿迪拉，說我們上路了，問她萬一警察在北京海關攔下我們怎麼辦。她要我們別擔心，遇上什麼問題可以聯繫她。

我們抵達烏魯木齊機場。機場內氣氛緊繃，無論是入口或航廈內都有武裝特警盯著經過的人，對維吾爾人盯得尤其緊。

我們將行李托運並領取登機證後走向安檢哨。我排在隊伍首位，通過安檢哨後，兩名漢族安檢人員領我到一個小房間進一步檢查。

房內有一個圍繞柱子臨時湊合的輸送帶。我被要求雙手舉高站上輸送帶，隨之繞柱子一圈。看起來柱子會掃描我的身體，把結果發送到一旁的電腦。我們去年來北京時，機場還沒有這樣的檢查。

檢查程序完成，我走出小房間。瑪爾哈巴和兩個女兒同樣被要求進行這項額外檢查。等她們同時，我看著漢人乘客通過一般安檢哨，匆匆趕向登機門。安檢人員對他們毫不留心，這項額外檢查只針對維吾爾人，這麼一想我又再度感覺蒙受羞辱。

好不容易安檢總算結束，沒有再發生其他狀況。我們走向登機門，在落地窗旁坐下。距離登機還有些時間，阿斯娜和阿爾米拉晃到其他地方去舒展筋骨。

我透過偌大的落地窗看著跑道上的飛機，轉頭對瑪爾哈巴說：「好好看著。這可能是我們在這片土地上的最後時光。」

「不要這樣說。」她的聲音顫抖。「真主安排，我們會回來的。」幾個字剛說出口，她就忍不住流下淚來。「真主安排！」我低聲念道，眼淚也滾落臉頰。

我們的班機準時離開登機門。我和瑪爾哈巴坐在一起，阿斯娜和阿爾米拉坐在我們正前方。飛機在跑道上加速，瑪爾哈巴望向窗外，神情悲涼。我感覺到她的右手緊緊握著我的左手，像是全力想抓住什麼。

飛機升上天空，我卻感覺我的心向下沉。這是我未曾有過的感覺。我們離別了自己的故土。

經過博格達山，我壓低聲音要瑪爾哈巴看窗外。她凝望著窗外，沒表現出反應。白雪覆頂的山峰兀自矗立於遠方，在陽光下閃爍晶光。

我們傍晚降落在北京首都國際機場，把行李箱寄放保管後，我們搭計程車前往新疆事辦事處，入住預定的旅館房間。路途奔波加上這兩天的焦慮匆忙，我們筋疲力盡，幾乎是剛住進客房就立刻睡著。

翌日早上，我們叫醒熟睡的女兒，用從烏魯木齊帶來的饢餅湊合做了早餐，接著便出發返回機場。

在安檢哨同樣第一個輪到我。我把護照遞出去，身穿制服的年輕警官打開護照，仔細打量我許久，比對我的臉和護照上的照片。接著他揮手請另一名人員過來，這個人穿的是便服，我推判一定是新疆派來的警察。他們湊近看著電腦螢幕，簡短交談了幾句。之後便衣警察就離開了。

「看來你以前也去過美國？」警官問。推敲他的語氣，我猜他認為我們相對可以信賴，因為我們去過美國又回來。

「是啊。」我用傲慢自信的態度回答，暗示我去美國是家常便飯。

他在我的護照上蓋了章，交還給我。我獲准出境了。瑪爾哈巴和兩個女兒同樣也順利通過邊境口。

很快我們就升空了。我感覺心頭沉甸甸的重量好不容易終於消散，但想到我們拋下的每個親愛的人，我的心仍隱隱作痛。眼前未知的未來令我既興奮也害怕。

「爸，我不會英語，要怎麼讀美國的學校？」阿爾米拉轉身從座位間的縫隙對我說。

「到了以後你就會學的。」

「學會之前，在班上跟不上進度呢？」她眼泛淚光。

「你很聰明，很快就能學會的。」我笑著對她說。

「放心。」姐姐阿斯娜安慰她。「英語不難的。」

那一瞬間我感覺到些許寬慰，想到至少我兩個女兒在美國能有一個好的將來。接著我靠回座椅，回想起往事。到波士頓還有不少時間，足夠我把這一生從頭到尾回憶一遍。

十七小時後，飛機下降穿過波士頓的雲層，降落在美國的土地。我們順利通過了海關。我們自由了。

我們在洛根機場買了下一班往華府的機票。坐在候機室等待時，阿斯娜和阿爾米拉的目光不停被周圍嶄新的環境和來往經過的豐富多樣人種吸引過去。瑪爾哈巴坐在我身旁，陷入沉思。我懂她此刻的心境。每一次我嘗試想像我們在美國展開新生活，總發覺自己就是集中不了心神。即使新世界就在眼前，我的思緒仍不停漂往故鄉的方向。

他方

在這些無色詞語的包圍之中
在這個被擾亂的時刻
我額頭上的標靶
也不能使我下跪
更且
夜復一夜
一個接一個
我念誦我認識的螞蟻的名字
我想把自己保持完整

在路邊或他方
就連
懸崖也逐漸懶於凝望遠方
但是
我在思緒中修剪你蓬亂的髮
兩根手指作剪刀
我往你的胸膛潑一把水
想熄滅遠方的森林大火

當然
我也只能用片刻
凝望遠方

終章　流亡的夢

我在逃命。六名中國軍警全副武裝追趕我，幾乎差一步就要追到了。但這裡是我出生長大的村子，每條路我都熟得像我的五根手指頭，我巧妙閃躲追兵，像鳥兒似地輕巧拐過街角，如同兔子一般靈敏跳過房屋之間低矮的土牆。但警察始終緊追在後，就在這時不遠處響起警笛，一輛警車朝我疾馳。我的步伐愈來愈沉重。這下子他們肯定能抓住我了。警察追上我，把我壓制在地。我用盡渾身解數掙扎，但雙手雙腿都被死死按在地上。警車的警笛聲尖厲哭號。

我猛然驚醒，一身冷汗。又是一個噩夢。

這裡是華盛頓特區的郊區，有一輛救護車從我們的公寓社區前經過，警笛大作——我夢中的警車就是這樣來的。

從抵達美國那一天起，我做過無數次這樣的夢，只有情節略微不同。

我們在華府落腳不久，一連幾個晚上我都夢見我母親。維吾爾人很認真看待夢境，我忍不住猜想會不會是母親怎麼了，或是她在擔心我。我決定打電話給爸媽問候近況。我猜想人在烏魯木齊的表弟已經轉告我們去美國了。即便如此，我還是應該用自己的話告訴他們。他們兩老都年逾七十了。

我知道喀什局勢嚴峻。但我們是在警察許可下來美國的，有為阿斯娜尋求醫療診治當作前提，所以我並沒有過於擔心不能聯絡父母。

我在電話上跟母親說，我們來美國替阿斯娜治病，會在這裡待一陣子。我也和父親聊了幾句。他們兩老從字裡行間都聽懂阿斯娜的病只是必要之謊。他們祝福我們好運，要我們等阿斯娜好轉就回來，也警告我們與壞人壞事保持距離。他們說的「壞人壞事」，意思是中國政府反對的人和事。我答應父母親會保持聯繫，然後彼此道了再見。

第二天，我住在喀什的弟弟在微信發來一條語音訊息。我打電話給母親兩小時後，國保探員就找上她，沒收了她的手機和身分證，理由是她接到海外電話。我母親嚇壞了。

父親和弟弟去了國保大隊，向那裡的人員解釋，打電話給母親的是我，但其實父母已經和我斷絕關係，他們早已經不認我這個兒子，未來也絕不會和我有聯繫。父親和弟弟在簽署文件證明所言屬實後，總算取回母親的手機和身分證。

我聽得出弟弟聲音裡的氣憤和非難。他的訊息最後要我們別再聯絡他們。

十月初，我突如其來接到一通電話，是買下我們烏魯木齊公寓的那對饢餅夫婦打來的，顯示為丈夫的號碼。我猜他打來說明屋子的一些小問題，可能是水電、天然氣什麼的。我相當確信他不知道我們出境了，不然應該會不敢打來。我不希望他受我牽連惹上麻煩，所以沒接電話。

沒想到才兩星期後，我們便從我表弟那裡得知，饢餅夫婦的丈夫被送進集中營，我聽了懊惱得不得了。後來我和瑪爾哈巴常常說起他的妻子和他們三個孩子不知道過得可好，同時擔心她不曉得付不付得出房貸。每回談起這件事，瑪爾哈巴的聲音都會逐漸傷感、消沉，並說：「願真主憐憫他們。」

那陣子前後也有消息傳來，說瑪爾哈巴的表姊熱依汗的丈夫司馬義，被召回伊犁並送去「學習」，留下熱依汗和兩個年幼的女兒在烏魯木齊。瑪爾哈巴哭了好幾天。

我們離開烏魯木齊前，我在裝相簿和其他貴重物品的紙箱上詳細寫了標籤，之後把箱子留在公寓，打算等我們抵達美國後再請表弟寄給我們。空等護照歸還的那幾天，我甚至去了烏魯木齊中心郵局一趟，詢問包裹能否寄到美國、需要多少郵資。

抵美後，我們忙了兩個月，生活才安頓下來。十月，我發了微信語音訊息給我表弟，麻煩他郵寄那一箱相簿。聽到他的回覆後，我的心沉到谷底。

「阿勒瑪斯去學習了，目前看來也快輪到我了。這是你最後一次能聯絡到我。好好保重。」他的聲音了無生氣。看樣子，阿勒瑪斯寄予厚望的國保警官麥赫穆特終究沒能派上用場。

聽表弟回覆的語氣，我知道又一波大規模拘捕展開了。我坐在沙發上握著手機，茫然瞪著牆壁，感覺自己陷入了白牆的空無之中。

到了十月底，警方察覺我們不打算回烏魯木齊後，闖進我們向哈薩克商人租的公寓搜索，然後封上了屋門。我們不知道警察想找什麼，或者從公寓裡拿走什麼。但我們聽說公寓就這樣被封到隔年年中，使得房東處境為難。不過，房東在烏魯木齊的人脈還不賴，他在幾個朋友和熟人幫助下，說服警方拆除封條，公寓重歸他所有。也許我們的親戚有機會去搬走我們的物品。

十一月，我的表弟、瑪爾哈巴兩個兄弟，還有阿爾曼都被逮捕送往「學習」。警察找上表弟的太太和瑪爾哈巴的妯娌詢問我的事。我們聽說之後更加苦惱，想到親人可能是因為我們被抓就備感煎熬。

親朋好友意識到我們逃出國後，紛紛在微信上把我和瑪爾哈巴刪除。為了他們的安危著想，我們也決定不再與家鄉任何人聯絡。如今我們與家鄉所有直接聯繫就此斷絕。

*

女兒們一入學就讀後，我和瑪爾哈巴也開始到社區中心上英語課。睽違這麼多年，我又當起了學生。只是不管我再怎麼用功，感覺什麼也記不住。老師講課的時候，對家鄉諸事的惦念總會湧入腦海。

十歲那一年，父母親在寒假送我去村裡的清真寺隨伊瑪目學習。那個年代信仰教育猶被容許，村裡的孩子幾乎都會在那位伊瑪目門下受教一個月，學習阿拉伯字母，記誦《可蘭經》裡重要且常用的經文，也學習每日五禱應說的話。

猶記得在伊瑪目家第一天上課，我和另外四個同齡男孩圍繞火爐而坐。伊瑪目清了清喉嚨。「孩提時學習，像刻字於石板。」他開口說。「老年時學習，則如在沙上寫字。」

我現在明白伊瑪目那句話的真義了。那麼多年前向他學習的經文，至今在我腦中仍無比清晰。可現在我年紀長了，也愈發明晰感覺到我學習新事物的能力持續減弱。焦慮千頭萬緒，保持專心真屬難事。

來到美國四個多月後，我開始做起不一樣的夢。我會站在邊境海關正要離開中國，但警察會在這時將我逮捕，並撕破我的護照。我會在咆哮中醒來。

二〇一八年初，美國人類學者戴倫・拜勒（Darren Byler）前往維吾爾自治區，見證已進行一年的大規模拘捕。過去他在烏魯木齊住過一段時間，期間與阿瑪斯和我其他幾個朋友關係很好。當時他一抵達烏魯木齊，馬上寫信跟我說。我拜託他打探幾個朋友的消息，特別是好幾個最近失蹤的朋友。戴倫設法打聽的其中一人就是阿勒瑪斯。我畫了一張阿勒瑪斯便利商店所在的街道圖，標出店面位置，然後把地圖的照片發給戴倫。他按圖索驥找到地方，但店面深鎖，很明顯已經久未開門營業。

不久後，海外維吾爾人之間流傳起帕爾哈提・吐爾遜被捕入營的消息。但其他細節都不清楚。我默默等待更多資訊，只盼這個消息是假的，但我心知帕爾哈提肯定是被抓了，這是我最害怕聽到的一件事。帕爾哈提極力迴避人群，到頭來也無濟於事，誰也躲不掉看著你的黨。那一天起，我就感覺有什麼從體內刨刮著我，痛得很深，又久不消退。

該年年中，美國歷史學者喬舒亞・費里曼赴烏魯木齊旅行。他在維吾爾自治區住過幾年，如今想親眼看看當地發生的事。他去了團結路上一間我很熟的維吾爾書店，為免引起注意，喬舒亞等到店裡只剩下他和老闆後，才開始一本一本拿下架上的書，指著每本書的封面，拐彎抹角詢問每名作者的近況。「他怎麼樣？她還好嗎？」他得到的答覆大多相同，沒幾個作家平安無事。

終於，書店老闆向喬舒亞問到我的近況。喬舒亞跟他說我沒事。「幸運的人啊。」店老闆答道。「他走對時候了。」

當我開始適應在美國的生活後，我的夢再度改變。在這些夢裡，我從美國回到故鄉，與親愛的家人朋友一起在熟悉的餐館吃飯、在美麗的果園漫步、齊聚在開敞的院子裡，唱歌、宴飲、談天。但就在這些歡樂的時刻，警察會到場沒收我的護照。我會悲痛交加，後悔何必回來。這時我會醒過來心痛不已。

每次從這些可怕的夢境醒來，看到自己身處的地方，我就不禁嘆一口氣，寬慰地對自己說：感謝真主。

有時我會聽其他海外流亡維吾爾人說起他們的惡夢。想當然一定還有更多我沒聽過的夢。很多人不太留意自己的夢，也沒有對別人講述夢的習慣。我自己從沒在女兒面前講過我的夢，她們還只是青少年，我不想讓她們心神不寧。我通常和瑪爾哈巴聊我的夢，她說同樣的恐懼也糾纏著她：警察追趕她、拿走她的護照、最親近的朋友拋棄她。「我們的身體雖然在這裡。」她會說。「但靈魂還留在了家鄉。」

*

剛抵達美國那一年，我們的生活全靠帶來的一筆錢。但維吾爾俗話說：「吃喝拉撒睡，錢財如山也成空。」我們的積蓄急遽削減。二〇一八年中我取得在美工作資格後，開始思考我在英語進步前能做什麼工作，並找到一個符合我能力的工作。我決定當共享計程車司機，這在華府特區是維吾爾移民常見的職業，只需要取得工作證和一輛車就足夠。在美國開優步計程車的維吾爾人當中，不乏以前是醫生、教授、法官、工程師甚至政府公務員的人。我在九月加入優步司機的行列。

發現開優步賺的錢足夠供給我們全家日常所需，讓我備受鼓舞，況且在家待了一年，我整個人靜不下來。從前在家鄉我習慣天天工作，閒著無所事事反而讓我難捱。載著乘客前往目的地的沿途上，北維吉尼亞州可愛有致的社區、華府錯綜神祕的街巷、馬里蘭州南部開闊的大路，多少能撫慰我隱隱作痛的心。

開車時我常沉陷在思緒中，回憶著家鄉的朋友。我在腦中與他們進行長長的對話，有時候會忘了後座還有乘客。

二〇一九年三月，瑪爾哈巴跟我們說她做了奇怪的夢：一條帶斑點的小蛇溜進我們家。雖然平常她怕蛇怕得要命，但這條小蛇卻一點也沒嚇著她。她宣稱女人夢見蛇會生下男孩，我們沒也沒太在意。直到兩星期後的一天晚上，瑪爾哈巴告訴我們，她出現不會錯的孕兆。

阿斯娜一聽馬上對著我們大搖手指，氣沖沖地說：「你們兩個做了什麼好事？媽媽在這個年紀生孩子很危險的！我的天啊，我的天啊！」阿爾米拉也學著姐姐對瑪爾哈巴搖手指。「我想要妹妹。你如果生男孩，我可不會照顧！」說完就氣急敗壞跑上樓。

我和阿斯娜大半夜出門去藥房買回驗孕劑，結果證實瑪爾哈巴真的懷孕了。她發覺我沉默不語，問我怎麼了。「我真沒想到。」我答了之後再沒說話。

十二年前生下次女阿爾米拉，代表我和瑪爾哈巴已達政府許可的育兒數。居委會命令瑪爾哈巴安裝子宮內避孕器，但宮內節育器造成瑪爾哈巴嚴重的下腹疼痛和後背痛，後來她還是拿掉了。如今，在十多年來未再懷孕後，我四十五歲的妻子發現她又懷上孩子。

你可以稱之為奇蹟，但阿斯娜的擔憂也並非沒有道理。這個年紀生產風險極大，但我沉默的主要原因，是以我們的年紀和現在的生活條件，養育孩子會非常艱辛。我們費了那麼多苦心，終於把阿爾米拉和阿斯娜拉拔長大，才剛要開始放鬆看她們逐步建立自己的人生。從前在家鄉，我們偶爾還有親戚能幫忙照顧孩子，但在這片陌生的土地，我們完全得自己面對每一重難關。維吾爾人說：「孩子生來一切俱足。」但養育及教育孩子是重責大任，需要莫大的努力、關懷和耐心。

瑪爾哈巴確信她會如長年所盼生下一個男孩，光是想到這件事她就樂不可支。來到美國以後，我常把我們家比喻成一株老樹，被迫移植到另一方土地。這樣一棵樹不僅很難重新生根，稍有不慎還可能枯死。但如今瑪爾哈巴看著我的眼睛問：「你為什麼不能把這個孩子看成我們這株老樹在新土壤長出的第一條根呢？」

第二天，我們帶瑪爾哈巴去看醫生，胎兒很健康。一個月後，我們再度去見醫生，得知寶寶確實是個男孩，瑪爾哈巴的身體也健康。我們全家歡欣鼓舞，宣布瑪爾哈巴從現在起是全家特別要保護的成員，開始準備迎接新成員到來。

但我們在美國的生活，喜悅與悲傷總以眩然的速度相伴而至。時間日久，我愈來愈覺得我們的生活碎裂成片。

那一年年中傳來風聲，說艾力被捕入營。他的書店不用說也和家鄉大多數維吾爾書店一樣，遭政府勒令停業。至於卡米爾，我從抵達美國後就不停嘗試打探他的命運，但始終得不到可靠的消息。

我們的兒子在二〇一九年十一月中旬誕生。我滿懷喜悅和興奮將他抱入懷中，那是祝福我五十歲生日的寶貴禮物。我們以維吾爾自治區最長的河川之名，給他起名為塔里木。我們的族人絕大多數居住在塔克拉瑪干沙漠邊緣的綠洲，這些綠洲的水源絕大多數取自塔里木河，維吾爾人喜歡稱她為母河。我們希望在美國出生的兒子，永遠不忘記他的母土。

每一次喊兒子的名字，我就會想起帕爾哈提．吐爾遜的詩《塔里木河》。我會在心中默默祝願帕爾哈提平安。

可惜沒過多久我就接到殘酷的消息。二月時，喬舒亞和我受邀在耶魯大學舉辦詩歌朗讀會。在系所交誼廳等待活動開始前，我收到一名維吾爾海外流亡詩人的語音訊息，告訴我帕爾哈提被判處十六年徒刑。我和喬舒亞呆坐原地，相對無語。我不願意相信。

不到一星期，海外維吾爾人中另一個與帕爾哈提相熟的人證實了判刑的消息。我一連好幾天茫然地走來走去，誰說話都聽不進去。最後，為了一探究竟，我上網找到帕爾哈提在烏魯木齊工作地點的電話號碼，撥過去以後，接起電話是一名漢族女子，她沉默聽我解釋說我是帕爾哈提的朋友，好一陣子聯絡不上他，想知道他好不好。我話才說完，女子便不發一語掛斷電話。我回撥過去後就再也沒人接聽了。這時我才真的相信帕爾哈提被判刑了。

我發覺自己時常想起《塔里木河》的開頭幾句。帕爾哈提彷彿已經以那首詩寫下自己的命運。

如同塔里木河之水
我們始於此地

也將終於此地
我們不從別處來
也不會去向他方……

比我們早到美國的維吾爾人說，一個維吾爾人適應這裡的生活要花三年。不知不覺間四年過去了，我自認適應得相當好。但有些時候，我仍很難相信自己身在美國。剎那間我會感覺這一切無非是一場夢，彷彿有一天我會在烏魯木齊的公寓醒來，自言自語道：好長的夢啊。彷彿接下來我會和家人慢悠悠地吃頓早餐，然後在清晨陽光下開著我的老別克去新疆藝術學院教課。彷彿到了中午，我會到艾力的書店去，熱切討論最新出版的維吾爾語書籍。彷彿我會在下午處理完所有堆疊在辦公室的工作，傍晚會在阿勒瑪斯的便利商店與卡米爾、帕爾哈提和阿勒瑪斯消磨時光，手把啤酒和烤肉串聊天歡笑。

抵達美國後的幾個月裡，我被相互矛盾的心情支配，既興奮又不安，既雀躍又備感壓力，既氣憤又洋溢希望，心中少有安寧。無疑也是因為這樣，我很少有辦法寫詩。即使在靜寂的時刻，詩句也不會浮現。我反而會想起穆尼拉啜泣，或帕爾哈提快步走進暗巷。我常常在心中看見我親愛的人受折磨。我的表弟在牢房虛弱憔悴，艾力在審訊室佝僂駝背，阿勒瑪斯忍受政治再教育，阿爾曼被迫在棉花廠勞動，司馬義和一群囚犯在營區操場上，用中文高唱黨的紅色頌歌。

到達這裡兩個多月後，秋夜裡我做了另一個夢。夢中我死了，我向著右側躺在地上，動也不能動，五、六個我的摯友站著圍繞在我身旁。他們悲慟地看著我，雙手交握，腰際纏著白色喪帶，臉上寫滿憂傷和懊悔。我想大喊：「我沒有死，我在美國平安無事。」但我說不出話來。我想移動四肢表示我還活著，但雙腿雙手動彈不得。我非常害怕他們會把我活埋。

這個夢和現實生活一樣逼真，在我腦海縈繞多天，怎麼樣也揮不去。是這場夢讓我寫下逃離中國後的第一首詩。詩句捕捉住這場夢以後，我感覺輕鬆不少，但那種感覺轉瞬即逝。

我們是個幸運的家庭，能夠逃離恐懼。我們是搭上諾亞方舟的幸運少數，能體會這種喜悅。然而，我們活在「逃離」兩字隱藏的膽小鬼的羞恥之中。我們總算自由了，但那些我們深愛的人還在受苦，還留在那片煎熬磨難的土地。每當想起他們，我們就被內疚灼燒。唯有在夢裡，我們會見到這些親愛的人。

是什麼

是什麼
從遠處，從穹頂的水體彼方
跟著我，與我同行？
寫在黃霧上的虛弱誓言
踩著三七步的膽大妄為
或
從一隻手傳給一隻手的層層晦暗？

這些日子
充斥破碎的地平線

破碎的！

逃亡的季節裡
屈服深藏於行李箱
高尚的疑問超出限重
死路延展向前
出走的人停滯在二樓
是什麼
讓你們看不見我還活著？

我的靈魂內在與外在臉孔如此單純
黑眼眸的人兒啊
從心紅化的一棵樹
在我身旁僵為石頭

一枝香甜芬芳的駱駝草
迅速生長，綻放花朵
於從前的一扇房門邊上

謝詞

首先，我想對喬舒亞．費里曼特別致上感謝，他對本書的貢獻遠不只是翻譯。若非喬舒亞的支持和鼓勵，這本回憶錄很可能無法被寫下。他親眼見證書中描述的許多事件，對其他事件也知悉甚深，他對這本回憶錄的內容和架構提供了許多有益的建議，之後更以無比盡責的心翻譯了這本書，協助監督書通過出版流程，並且交出一篇真誠感人的前言，相信對於讀者理解這本回憶錄有莫大幫助。

謝謝《大西洋雜誌》（*The Atlantic*）的Prashant Rao，對編輯及刊登我的文章〈一個接一個，我的朋友被送進營內〉（*One by One, My Friends Were Sent to the Camps*）扮演不可或缺的角色。這篇文章為這本回憶錄奠下基石。我同樣想感謝《大西洋雜誌》的Ellen Cushing及其他人盡心盡力讓那篇文章順利刊出。

我要向本書在企鵝出版社最初的編輯Chris Richards表達感激。他邀請我把刊登在《大西洋雜誌》的文章擴寫成書，並在初步編輯階段提供眾多寶貴建議，收到這樣有名望的出版社的邀請，對我是甚大的鼓勵。Chris 離開企鵝出版社另覓高就後，Emily Cunningham接掌編輯，她以卓越的能力和奉獻，為本書提出無數改善的修訂和建議。我衷心感謝她，也不會忘記其他企鵝出版社的人們努力協助本書付梓。我也要感謝Jonathan Cape出版社的Bea Hemming 和Jenny Dean，兩位在編輯與出版流程中，一開始就挑起重任

我也要將真誠的感謝獻給Cheney Agency作家經紀公司的Adam Eaglin。他發揮專業人士熟練且豐富的經驗，以真摯慷慨的意見指引我們通過出版流程。Adam的公司同事對本書出版也有眾多重要貢獻，我由衷感謝他們持續努力引介這本書進入眾多語言和國家。

我想對帕爾哈提．吐爾遜表達至深的感激和尊敬。我們此生的友誼時時刻刻令我感到驕傲，此刻帕爾哈提經受的苦難刺激我寫出這本回憶錄。我最真心的感謝同樣要獻給書中所有被述及的人，為了他們的安全著想，我不方便提到他們的名字。這本書的價值與他們永生難忘的經驗不可分割，但若有一天我能公開表達對他們的感念，我期待改正現狀，好好謝過他們每一個人。

我永遠感謝我的家人。這本回憶錄說的是一個家庭的經驗，我的家人貢獻卓著，以無限的慷慨分享她們的回憶和感受。回憶錄是如此私密而艱難的文體，沒有我太太瑪爾哈巴堅定

與關愛的支持，我絕對難以下筆。我的長女阿斯娜在整個寫作過程經常與我分享想法，次女阿爾米拉對我的信任也無時無刻成為我的靈感。我將本書獻給我的兒子，塔里木。但願他長大後會閱讀這本著作，學會珍惜自由。

Beyond

55

世界的啟迪

等待在夜裡被捕：

維吾爾詩人的中國種族滅絕回憶

Waiting to be Arrested at Night: A Uyghur Poet's Memoir of China's Genocide

作者	塔依爾・哈穆特・伊茲格爾（Tahir Hamut Izgil）
譯者	韓絜光
執行長	陳蕙慧
副總編輯	洪仕翰
責任編輯	宋繼昕
行銷總監	陳雅雯
行銷	趙鴻祐、張偉豪、張詠晶
封面設計	誠美作
排版	宸遠彩藝

出版	衛城出版／左岸文化事業有限公司
發行	遠足文化事業股份有限公司（讀書共和國出版集團）
地址	23141 新北市新店區民權路 108-3 號 8 樓
電話	02-22181417
傳真	02-22180727
客服專線	0800-221029
法律顧問	華洋法律事務所　蘇文生律師
印刷	呈靖彩藝有限公司
初版	2023 年 11 月
定價	450 元
ISBN	9786267376027（紙本）
	9786267376034（EPUB）
	9786267376041（PDF）

歡迎團體訂購，另有優惠，請洽 02-22181417，分機 1124

ACRO POLIS

衛城出版

Email　acropolismde@gmail.com
Facebook　www.facebook.com/acrolispublish

國家圖書館出版品預行編目(CIP)資料

等待在夜裡被捕：維吾爾詩人的中國種族滅絕回憶 / 塔依爾・哈穆特・伊茲格爾(Tahir Hamut Izgil)著；韓絜光譯. -- 初版. -- 新北市：衛城出版，左岸文化事業有限公司出版：遠足文化事業股份有限公司發行，2023.11
面；公分. -- (Beyond；55)（世界的啟迪）
譯自：Waiting to be arrested at night : a Uyghur poet's memoir of China's genocide
ISBN 978-626-7376-02-7（平裝）

1. 伊茲格爾(Izgil, Tahir Hamut, 1969-)
2. 回憶錄　3. 維吾爾族　4. 種族滅絕
5. 新疆維吾爾自治區

782.661　　112015604